Schneider · Steininger **Gesund durch Akupunkt-Massage nach Penzel**

Hildegard Schneider / Rita Steininger

Gesund durch Akupunkt-Massage nach Penzel

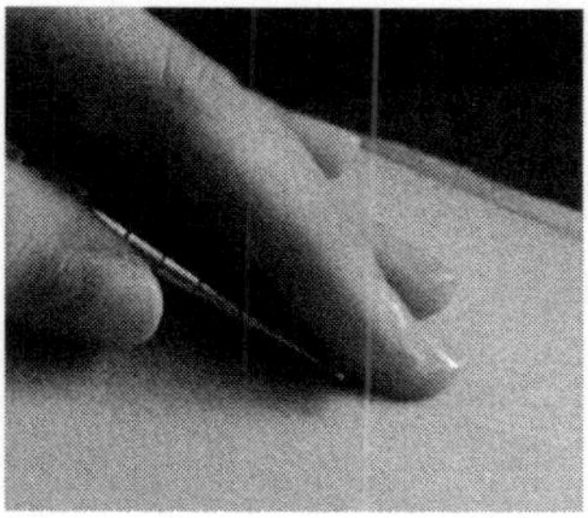

Lebensenergie zum Fließen bringen

IRISIANA

Alle Behandlungsvorschläge, Ratschläge und Hinweise in diesem Buch sind von den Autorinnen sorgfältig geprüft und erprobt worden. Behandlungen am menschlichen Körper beruhen stets auf individuellen Entscheidungen, die in vielen Fällen nur von einem Arzt getroffen werden können. Eine Haftung der Autorinnen bzw. des Verlags für einzelne Fälle ist daher ausgeschlossen.

Bibliografische Information Der Deutschen Bibliothek

Die Deutsche Bibliothek verzeichnet diese Publikation in der Deutschen Nationalbibliografie; detaillierte bibliografische Daten sind im Internet unter http://dnb.ddb.de abrufbar.

Umschlaggestaltung: Die Werkstatt München / Weiss · Zembsch
unter Verwendung eines Motivs von Hildegard Schneider
Redaktion: Barbara Imgrund
Produktion: Ortrud Müller
Satz: Nikolaus Hodina, München
Druck und Bindung: GGP Media, Pößneck
Printed in Germany 2004

ISBN 3-7205-2531-7

Inhalt

Danksagung

Dieses Buch wäre ohne Unterstützung, Anregungen und inhaltliche Beiträge von vielen Seiten in dieser Form nicht zustande gekommen. Wir danken deshalb

- Herrn Günter Köhls, dem 1. Vorsitzenden des Internationalen Therapeutenverbandes und Leiter des Lehrinstituts für Akupunkt-Massage nach Penzel;
- den Mitarbeitern und Lehrern des Therapeutenverbandes und Lehrinstituts, ganz besonders Andreas Mühle, Johannes Müller und Ingrid Uta Krause;
- Felix Eberle, APM-Therapeut und Vorstandsmitglied des Therapeutenverbandes;
- Waltraud Gebhard-Koch, Hebamme;
- Ulrich Augstein, Heilpraktiker und Masseur;
- Richard Ebert, Heilpraktiker;
- Angela Feldmann, Krankengymnastin;
- Herbert Schneider und Werner Steininger;
- allen Patientinnen und Patienten, die uns über ihre Erfahrungen mit der Akupunkt-Massage berichteten und dadurch diesem Buch eine persönliche Note verliehen.

Ein Dank nicht zuletzt an Helen Heißerer, Sandra Guzzon und Alexandra Kosian-Krishnabhakdi, Lektorinnen des Heinrich Hugendubel Verlages, die dieses Buchprojekt bis heute begleitet haben.

Vorwort

»Das Schwierige an der Akupunkt-Massage nach Penzel ist, dass sie so einfach ist – und deswegen ist sie für viele nicht zu begreifen.« Diesen Satz mussten sich im Laufe der Jahre Tausende von Kursteilnehmerinnen und Kursteilnehmer von Herrn Penzel anhören. Auch ich gehörte dazu.

Natürlich haben wir im kleinen Kreis dann darüber diskutiert und die Frage zu beantworten versucht, was Penzel wohl damit gemeint haben könnte. Irgendwie sei dieser Ausspruch in sich unlogisch, denn wenn etwas einfach sei, könne man es sich doch gerade sehr leicht aneignen, meinten die einen. »Er will nur entschuldigen, warum er keine lateinischen Fachausdrücke verwendet und stattdessen so komische Begriffe wie ›Regenwurm-Effekt‹, ›Samt- und Seidestriche‹ oder ›Ebbe-und-Flut-Effekt‹«, meinten die anderen.

Heute – nachdem ich seit fast 17 Jahren selbst etwa 13000 Ärzte, Heilpraktiker, Masseure, Physiotherapeuten, Hebammen, Krankenschwestern und -pfleger und Angehörige anderer medizinischer Berufe jeweils mehrere Wochen lang in dieser Thematik unterrichtet habe – kann ich den Gedankengang Willy Penzels jedoch immer besser nachvollziehen. Es ist tatsächlich sehr schwer zu begreifen, warum zum Beispiel eine Migräne, die mit allen diagnostischen und therapeutischen Möglichkeiten seit Jahren mehr oder weniger erfolglos behandelt wurde, sich nach ein paar Anwendungen und Strichen über dieses System für immer verabschiedet oder warum eine seit Jahren bestehende Lähmung durch diese einfachen Maßnahmen aufgehoben wird und der Patient plötzlich den Arm, die Beine, den Finger, die Zehen wieder bewegen kann, obwohl man doch nur an dieser oder jener Narbe weit weg vom Ort des Geschehens gearbeitet hat.

Wenn man versucht, solche Phänomene über die Regelkreise und Denkansätze zu erklären, die man in der »normalen« schulmedizinischen Ausbildung erlernt hat – also etwa über das Nerven-, Verdauungs- oder Kreislaufsystem –, so verzweifelt man schier, weil es keine vernünftige Erklärung gibt und sich die Erklärungsansätze teilweise sogar widersprechen. Ebenso wenig kann man die Technik innerhalb eines Computers mit der Mechanik einer Dampfmaschine erklären oder umgekehrt. Man muss sich vielmehr für einen Weg entscheiden – und genau das ist das Schwierige. Schwierig deshalb, weil natürlich bei denjenigen, die sehr viel schulmedizinisches Wissen gespeichert haben, ständig gedanklich komplizierte herkömmliche Erklärungsansätze das einfache Denken der Akupunkt-Massage nach Penzel durchkreuzen. Man muss also kurzfristig, zumindest für den Moment, vergessen und alle anderen Dinge beiseite schieben können.

Wie schwierig aber ist das für einen Spezialisten! Und wie schwierig ist es, all diese Dinge einfach zu erklären. In der Ausbildung brauchen wir dazu Wochen. Und nun soll das ganze System in einem einzigen Buch so erklärt werden, dass der medizinische Laie ohne jede Vorkenntnis es versteht, andererseits aber auch der interessierte Therapeut sich angesprochen fühlt und sogar noch der bereits ausgebildete Fachmann etwas damit anfangen kann. Ein fast aussichtsloses Unterfangen also. Ich beglückwünsche deshalb die beiden Autorinnen zu ihrem Mut, es trotzdem anzugehen – und ich wünsche diesem Buch eine weite Verbreitung und den geneigten Leserinnen und Lesern den Einblick, den sie sich davon erhofft haben.

Die Voraussetzungen dafür sind jedenfalls geschaffen, denn die Autorinnen haben es meines Erachtens vorzüglich verstanden, die Dinge in einfacher Art und Weise so anzusprechen, dass man es verstehen kann – wenn man denn die Existenz der Meridiane, des Energiekreislaufsystems und der Akupunkturpunkte akzeptiert, sich also darauf einlässt, Zweifel, gegenteilige Aussagen und scheinbare Widersprüche zumindest für die Dauer des Lesens einmal beiseite zu schieben, und anerkennt, dass es nicht nur eine, nämlich die schulmedizinische Wahrheit gibt. Dabei sollen deren Segnungen und Leistungen natürlich in keinster Weise geschmälert oder gar geleugnet werden, ganz im Gegenteil.

Vielleicht kann dieses Buch auch dazu beitragen, dass die Gräben zwischen beiden Lagern im Laufe der Zeit zugeschüttet und dafür Brücken gebaut werden, über die man von beiden Seiten aufeinander zugehen kann.

Heyen, im Januar 2001

Günter Köhls
1. Vorsitzender des Internationalen Therapeutenverbandes Akupunkt-Massage nach Penzel e. V., Leiter des Lehrinstituts für Akupunkt-Massage nach Penzel

Vorwort zur zweiten Auflage

Auf einer Lichtung im Wald steht eine große, alte Eiche. Der Mäusebussard, der über dieser Eiche seine Kreise zieht, kennt sie ganz genau. Auch das Amselpärchen, das Jahr für Jahr sein Nest in den Zweigen dieser Eiche baut, kennt diesen Baum ganz genau. Der Käfer, der hinter der Rinde des Baumes so manchen Winter überstanden hat, kennt den Baum ganz genau. Die Wühlmaus, die im Wurzelwerk der Eiche lebt, kennt den Baum ganz genau. Der Jagdhund des Försters, der an der Eiche immer sein Bein hebt, kennt diesen Baum auch ganz genau. Wenn wir nun alle diese Tiere zu einer großen Konferenz einladen würden und sie müssten diese Eiche beschreiben, wäre wohl ein handfester Streit unvermeidbar. Warum? Weil alle über dasselbe reden, jedoch jeder subjektiv aus seinem Blickwinkel.

Diese kleine Geschichte erzählte der Begründer der Akupunkt-Massage, Willy Penzel, in jedem seiner Einführungskurse den Interessenten. Und bis zum heutigen Tag wird jeder Schüler, der die Akupunkt-Massage nach Penzel erlernen will – egal ob für Mensch, Pferd oder Hund –, mit dieser kleinen Geschichte konfrontiert.

Doch was wollte Willy Penzel damit sagen? Er wollte zum Ausdruck bringen, dass viele Dinge ein gänzlich neues Gesicht bekommen, wenn man sie einmal aus einem anderen Blickwinkel betrachtet. Zum Beispiel Unpässlichkeiten und Krankheiten: Auch sie sollte man einmal aus einer anderen Perspektive betrachten – indem man durch das »Energiefenster« schaut, das in der fernöstlichen Medizin eine so große Rolle spielt.

Den beiden Autorinnen ist es mit diesem Buch sehr gut gelungen, dem Leser einen Blick durch dieses energetische Fenster zu ermöglichen. Ich schätze dieses Buch besonders, weil es durch die Einfachheit der Sprache und den systematischen Aufbau für den interessierten Laien leicht nachvollziehbar wird. Sowohl von Patienten aus der Praxis als auch von meinen Schülern in den Ausbildungskursen zur »Akupunkt-Massage nach Penzel am Pferd« höre ich immer wieder: »Endlich mal ein medizinisches Buch, das man auch versteht!«

In der Tat, aus energetischer Sicht stellen sich viele gesundheitliche Probleme relativ einfach dar. So lautete denn auch ein Lebensgrundsatz von Willy Penzel: »Nur wer einfach denkt und handelt, wird auf die Dauer Erfolg haben.« Lassen wir also das komplizierte Denken weg, um dauerhaften Erfolg haben zu können.

Auch diesem Buch wünsche ich die Anerkennung und den Erfolg, den es verdient, und bin mir sicher, dass diese zweite Auflage nicht die letzte sein wird.

Vilshofen, im Februar 2004

Felix Eberle
APM-Zentrum Süd
APM-Therapeut und Fachlehrer
für Akupunkt-Massage nach Penzel
am Pferd

Einleitung

»Ausnahmslos jeder Mensch hat den Wunsch, sich seine Gesundheit zu erhalten.«
(Aus dem Neijing)

Im alten China oblag den Heilkundigen eine heute geradezu unglaubliche Aufgabe: Statt kranke Menschen zu heilen, mussten sie deren Gesundheit *erhalten.* Geschah es dennoch, dass ein Mensch erkrankte, so geriet der verantwortliche Arzt mitunter in große Schwierigkeiten: Er verlor seinen Anspruch auf Bezahlung, und sein Ansehen war nachhaltig geschädigt. In schlimmeren Fällen musste er sogar damit rechnen, dass man ihn mit dem Tode bestrafte.

Im Vergleich dazu geben unsere heutigen Verhältnisse doch ein ganz anderes Bild ab. Viele Menschen haben erst gar nicht die Zeit, sich um ihr körperliches Wohlbefinden zu kümmern. Im Gegenteil: Kleine Schwächen, Anfälligkeiten und lästige Beschwerden werden oft so lange ignoriert, bis sie sich zu richtigen Krankheiten ausgewachsen haben. Und dann hilft nur noch die »chemische Keule« oder gar das Skalpell – das war zumindest bis vor einiger Zeit die verbreitete Meinung. Dass es in vielen Fällen auch anders geht, sehen jedoch mittlerweile immer mehr Ärzte, Therapeuten und Patienten ein. Gerade Letztere wenden sich mehr und mehr von der Medikamenten- und Apparatemedizin ab und suchen verstärkt nach alternativen Behandlungsmethoden. Kein Wunder also, dass etwa die Traditionelle Chinesische Medizin seit Jahren regen Zulauf findet – und hier an erster Stelle die Akupunktur.

Quasi als westliches Pendant zu ihr existiert eine in der breiten Öffentlichkeit bisher weniger bekannte Therapiemöglichkeit, die mit der Akupunktur zwar einiges gemeinsam hat, aber dennoch ihre ganz eigenen Akzente setzt: die Akupunkt-Massage nach Penzel. Dies ist eine angenehme und wohltuende Therapie, die sowohl Körper als auch Geist und Seele anspricht – eine ganzheitliche Behandlungsmethode also. Sie setzt jedoch – nach dem Vorbild der Traditionellen Chinesischen Medizin – nicht erst da an, wo schon Schmerzen und Krankheiten bestehen, sondern hat auch den Sinn, den Menschen gesund zu erhalten. Die Besonderheiten dieser Therapieform möchten wir in diesem Buch vorstellen und auf möglichst allgemein verständliche Weise Interessenten, Patienten, aber auch (angehende) Therapeuten über die Grundlagen, Möglichkeiten und Grenzen dieser bemerkenswerten Behandlungsmethode informieren.

Das Buch gliedert sich in folgende Abschnitte: Kapitel 1 erzählt die Geschichte der Akupunkt-Massage und ihres Entdeckers Willy Penzel und macht deutlich, auf welche Weise sich diese Behandlungsmöglichkeit von den Therapieformen der Traditionellen Chinesischen Medizin abhebt bzw. abgrenzt. In Kapitel 2 wird die theoretische Grundlage erläutert, auf der die Akupunkt-Massage zu einem ganz wesentlichen Teil beruht: die chinesische Energielehre. Kapitel 3 schließlich leitet den Praxisteil des Buches ein: Hier erfahren Sie, wie eine einzelne Behandlungseinheit bzw. eine komplette Behandlungsserie aufgebaut ist und wie der Therapeut bei einer Akupunkt-Massage vorgeht. Mit einer weiteren wesentlichen Frage beschäftigt sich das vierte Kapitel: Wie kann der Patient mithelfen, damit seine Behandlung möglichst erfolgreich verläuft, und welche unterstützenden Maßnahmen kann er zu Hause allein durch- und weiterführen? Welche Beschwerdebilder erfahrungsgemäß gut auf die Akupunkt-Massage ansprechen und warum, erläutert wiederum Kapitel 5. In Kapitel 6 und 7 wird darüber hinaus noch näher auf zwei wichtige Anwendungsgebiete der Akupunkt-Massage eingegangen: Wirbelsäulen- und Schwangerschaftsprobleme. Einige ausgewählte Praxisbeispiele und Patientenberichte runden den praktischen Teil des Buches ab.

Noch eine Anmerkung: Wenn in diesem Buch an der einen oder anderen Stelle von Erfahrungen aus »meiner Praxis« die Rede ist, so bezieht sich dies auf die Heilpraktikerin Hildegard Schneider. Außerdem bitten wir um Verständnis dafür, dass wir bei medizinischen Berufsbezeichnungen der Einfachheit halber fast nur die männliche Form genannt haben.

Wir hoffen, mit unserem Buch dazu beizutragen, dass die Akupunkt-Massage nach Penzel in der Öffentlichkeit mehr und mehr die Anerkennung und Wertschätzung erfährt, die sie auch tatsächlich verdient.

Schwabach/München, im Januar 2001

Hildegard Schneider
Rita Steininger

Kapitel 1

Ursprung und Entstehung der Akupunkt-Massage

Die Akupunkt-Massage nach Penzel – kurz APM – ist eine Therapieform, die zum einen in der chinesischen Akupunkturlehre und zum anderen in westlichen Formen der Massage wurzelt. Dies ist die große Besonderheit, die diese außergewöhnliche Behandlungsmethode zu bieten hat: Denn hier werden zwei völlig gegensätzliche, scheinbar unvereinbare medizinische Richtungen – nämlich östliches und westliches Heilwissen – auf das Wirksamste miteinander kombiniert.

Historischer Streifzug durch die Traditionelle Chinesische Medizin

Die Akupunkt-Massage beruht zu einem wesentlichen Teil auf den Erkenntnissen und Vorstellungen der Traditionellen Chinesischen Medizin (TCM), wurde jedoch nicht im Fernen Osten, sondern in Deutschland entwickelt. Ihre Entstehungsgeschichte ist gerade deshalb umso interessanter. In den fünfziger und sechziger Jahren des 20. Jahrhunderts, als die Akupunkt-Massage in Deutschland gerade in den Kinderschuhen steckte, war man in Europa noch weit entfernt von dem TCM-Boom, den wir heute erleben. Ein kurzer geschichtlicher Rückblick auf die östliche Medizin und ihren Einzug in Europa wird diese Tatsache veranschaulichen.

Medizin im alten China

Im 5. bis 2. Jahrhundert v. Chr. begannen sich in China zwei bedeutende religiös-philosophische Richtungen zu entwickeln: der Konfuzianismus (benannt nach seinem Begründer Konfuzius, 551–479 v. Chr.) und der Taoismus. Gemeinsam bildeten sie das geistige Fundament, auf dem das umfassende System der alten chinesischen Heilkunst ruht. Doch damit lässt sich die chinesische Medizin nicht auf ein bestimmtes Alter festlegen: Vermutlich ist die Tradition des heilkundlichen Wissens in China bedeutend älter; ihre Anfänge werden im 13. oder sogar 14. Jahrhundert v. Chr. vermutet. Von der Akupunktur indessen weiß man, dass sie in China seit etwa 4000 Jahren angewendet wird. Zusammen mit der Kräuterheilkunde – ebenfalls von alters her bekannt – gehört sie zu den tragenden Säulen der chinesischen Medizin.

Schon während der Qin-Zeit (221–206 v. Chr.) verfügte die Medizin in China über umfassende diagnostische und therapeutische Kenntnisse. Unter anderem waren die Pulsdiagnostik, Atemtherapie und Heilgymnastik sowie eine große Vielfalt an Arzneimitteln bekannt. Auf die Han-Zeit (206–220 n. Chr.) gehen bedeutende medizinische Klassiker zurück, die bis heute in der Praxis unentbehrlich sind. Eine herausragende Stellung nimmt das monumentale klassische Werk *Huangdi Neijing* oder *Nei King (Der Gelbe Kaiser)* ein: Es wurde jedoch nicht in einem Zuge niedergeschrieben, sondern im Laufe von mehreren Jahrhunderten; sein Ursprung wird – daher der Name – bis auf den legendären Gelben Kaiser Huangdi zurückdatiert, der um die Mitte des 3. Jahrtausends v. Chr. regiert haben soll.

Einen weiteren glanzvollen Höhepunkt erreichte die chinesische Medizin schließlich während der Tang-Dynastie (618–906). In dieser Zeit wirkte der bedeutende Arzt und Philosoph Sun Simiao (Sun Ssu-Miao, 581–682), der eine Reihe wichtiger medizinischer Abhandlungen verfasste, verschiedene Diagnose- und Heilverfahren weiterentwickelte und erstmals die Lungentuberkulose als Infektionskrankheit deutete. Doch damit stand die Entwicklung nicht still: Auch die nachfolgenden Dynastien hatten bedeutende medizinische Neuerungen zu verbuchen.

Bemerkenswert ist außerdem die relativ frühe staatliche Kontrolle über das Gesundheitswesen: Schon vom 7. Jahrhundert an wurde in manchen Gebieten des chinesischen Kaiserreichs die ärztliche Ausbildung überwacht, und ab dem 10. Jahrhundert gab es gar staatlich überprüfte Arzneilisten. Ebenfalls um die Jahrtausendwende sorgte der Staat für die Einrichtung von Apotheken und Krankenhäusern und die Überwachung der öffentlichen Hygiene.

Erster Austausch zwischen östlicher und westlicher Medizin

In Europa war über die Heilkunst der Chinesen lange Zeit fast nichts bekannt. Erst im 17. und 18. Jahrhundert berichteten erstmals europäische Jesuiten-Missionare und Ärzte der holländischen Ostindien-Handelsgesellschaft eindrucksvoll darüber. Sie lösten damit in Europa, insbesondere in Frankreich, eine Welle der Begeisterung aus. Umgekehrt trugen die Missionare auch westliches Heilwissen nach China: 1881 gründeten sie in Tientsin die erste westliche Medizinschule. Vor allem der Verbreitung von Seuchen und Epidemien konnten sie erfolgreich entgegenwirken und verschafften der westlichen Medizin damit große Anerkennung.

Gegen Mitte des 19. Jahrhunderts ebbte die Euphorie über die chinesische Medizin in Europa fast genauso plötzlich ab, wie sie aufgekommen war. Es blieb lange Zeit sehr still um sie. Sogar in China selbst erlebte die traditionelle Heilkunst einen Rückgang, als das Land 1911 zur Republik wurde.

Chinesische Heilkunst unter Mao Zedong

In den fünfziger Jahren des 20. Jahrhunderts leiteten die Lehren Mao Zedongs schließlich eine Rückbesinnung auf alte Werte und Erfahrungen in die Wege. Unter dem Begriff der »Traditionellen Chinesischen Medizin« erlebten die überlieferten Heilmethoden eine regelrechte Renaissance – wenn auch zunächst im Dienste einer recht merkwürdigen Propaganda. Intellektuelle, also auch Ärzte, waren im nunmehr kommunistischen China nämlich alles andere als hoch angesehen: Sie seien sich zu schade, solide Arbeit zu leisten und sich dabei die Hände schmutzig zu machen, hieß es. Mao Zedong nutzte diese intellektuellenfeindliche Stimmung ganz gezielt für seine Zwecke und ließ in großen Scharen Laienheiler ausbilden. Schon ein kurzes Training genügte, um sie zu fertigen »Barfußärzten« zu erklären und in die entlegensten Gebiete des Landes zu entsenden. Sie sollten bei geringem Kostenaufwand die Versorgung der armen Landbevölkerung zumindest mit dem medizinisch Nötigsten gewährleisten.

Letztlich ließ Mao seine Gesundheitspolitik allerdings dann doch nicht bei diesem Notprogramm bewenden. Nach und nach wurden in China auch wieder Krankenhäuser gebaut und neue Medizinschulen eingerichtet, in denen die Traditionelle Chinesische Medizin umfassend gelehrt wurde. Als die Volksrepublik schließlich zu Beginn der siebziger Jahre ihre strikte Isolationspolitik aufgab und sich allmählich dem Westen gegenüber öffnete, setzte ein reger wissenschaftlicher Austausch zwischen östlichen und westlichen Medizinern ein. Die Traditionelle Chinesische Medizin wurde nun endlich auch in Europa (wieder) ein Begriff.

Elemente der Traditionellen Chinesischen Medizin

Nimmt man die Traditionelle Chinesische Medizin etwas näher in Augenschein, so erweist sie sich als ein sehr vielschichtiges medizinisches System. Sie umfasst nämlich eine ganze Reihe komplexer Heilmethoden: Akupunktur und Akupressur gehören zu dieser umfangreichen Natur- und Krankheitslehre ebenso wie Qi Gong und T'ai Chi, chinesische Heilmassage und Ernährung. Doch während man diese Methoden bei uns in der Regel separat, also jede für sich, erlernt und anwendet, wurden und werden sie in der östlichen Medizin nur als Teile eines komplexen Ganzen aufgefasst und eingesetzt.

Der Siegeszug der Akupunktur durch Europa

Eine Sonderstellung nahm in Europa von Anfang an die Akupunktur ein: Sie machte hier ihre ganz eigene Karriere, und zwar völlig unabhängig vom Gesamtzusammenhang der Traditionellen Chinesischen Medizin – und auch um einiges früher. Schon nach dem Zweiten Weltkrieg nämlich, als China noch für lange Zeit als »verbotenes Land« galt, drangen die Kenntnisse dieser chinesischen Heilmethode aus der damaligen französischen Kolonie Indochina (dem heutigen Vietnam) nach Europa und wurden sehr schnell auch in Westdeutschland aufgegriffen. Während sie in der östlichen Medizin, wie erwähnt, nur als – wenn auch bedeutender – Teil eines umfassenden medizinischen Systems galt, wurde sie im Westen als eigenständige Behandlungsmethode aufgefasst und in unzählige, voneinander oft sehr verschiedene Varianten abgewandelt.

Nadeln und Meridiane

Die ungewöhnliche Vorgehensweise bei einer Akupunkturbehandlung weckte nicht von ungefähr die Neugier und das Interesse der westlichen Welt: Mit Gold-, Silber- oder Stahlnadeln werden auf der Haut Akupunkturpunkte gestochen, die bestimmten Organen und Körperfunktionen zugeordnet sind. Zur weiteren Stimulation dreht man die Nadeln im Körper wiederholt und hebt bzw. senkt sie je nach gewünschter Wirkung (Tonisierung oder Sedierung) mit unterschiedlich schnellen Auf- und Abwärtsbewegungen. Auf diese Weise lassen sich Irritationen, Störungen oder Schmerzen in den zugeordneten – von der Einstichstelle oft weit entfernt liegenden – Organen oder Körperteilen beeinflussen.

Verständlich wird diese Vorgehensweise freilich erst vor dem Hintergrund der theoretischen Fundamente der Traditionellen Chinesischen Medizin, auf denen auch die Akupunktur beruht. Sie werden in den folgenden Kapiteln ausführlich erläutert, deshalb vorerst nur so viel: Die Akupunkturlehre geht von der Vorstellung aus, dass Lebensenergie (Qi) auf bestimmten Längslinien oder Bahnen, den so genannten Meridianen, durch unseren Körper fließt und einen geschlossenen Energiekreislauf bildet. Dabei wird zwischen zwei Energiekomponenten unterschieden: Yin verkörpert das »weibliche«, Yang das »männliche« Prinzip. Wenn Yin und Yang aus dem Gleichgewicht geraten, ist der harmonische Energiefluss gestört; die Folge sind Krankheiten, Beschwerden oder Schmerzen. Durch Reizung und Stimulierung der Akupunkturpunkte, die auf den Meridianen liegen, können die Energieverteilungen im Körper jedoch wieder in ein harmonisches Gleichgewicht gebracht werden.

Bestaunt und belächelt

Wie viele andere Neuerungen auch hatte die Akupunktur im Westen von Anfang an nicht nur begeisterte Anhänger, sondern auch entschiedene Gegner. Was den westlichen Schulmedizinern nämlich von jeher schwer zu schaffen macht, ist die Tatsache, dass es für die Akupunkturpunkte offenbar keinerlei anatomische oder physiologische Erklärungen gibt. Da in der östlichen Medizin das Studium sezierter Leichname lange Zeit tabu war, blieb den chinesischen Ärzten bis vor etwa 200 Jahren beispielsweise die Lage und Funktion bestimmter Organe, der Unterschied zwischen Venen und Arterien und sogar das gesamte Nervensystem völlig unbekannt. Umso unerklärlicher und »unwissenschaftlicher« wirkte daher die jahrtausendealte Vorstellung von den Energiebahnen, auf denen die Akupunkturpunkte liegen, welche wiederum die verschiedenen Körperfunktionen beeinflussen sollen.

Kein Wunder, dass die Schulmediziner auf das Eindringen der Akupunkturlehre in die naturwissenschaftlich geprägte Sphäre der westlichen Medizin sehr reserviert reagierten: So wurde die rasch wachsende Schar der (seriösen und weniger seriösen) Akupunkteure als »Scharlatane« und »Gaukler« beschimpft, man witzelte über »medizinische Chinoiserien« und führte die Akupunktur gern als »mächtiges Placebo« vor.

Verblüffende Erfolge und neue Erkenntnisse

Mittlerweile aber ist längst klar geworden, dass der chinesischen Medizin ein völlig anderes, vom naturwissenschaftlichen Ansatz her nicht erschließbares Konzept von Leben und Krankheit zugrunde liegt. Die Lehre und Wirkungsweise der Akupunktur ist zwar bis heute noch nicht hinreichend erklärt, aber einige wichtige Erkenntnisse gelten inzwischen doch als unbestrittene Tatsache – so zum Beispiel ihre schmerzlindernde Wirkung.

Als die westliche Welt gerade dabei war, die Traditionelle Chinesische Medizin für sich zu entdecken, erregten die Berichte eines Journalisten der *New York Times* Aufsehen und machten die Akupunktur schlagartig in der ganzen Welt berühmt: Auf einer Chinareise im Juli 1971 erkrankte der Mann an einer Blinddarmentzündung und musste operiert werden; dank einer Akupunkturanästhesie konnte er den chirurgischen Eingriff ohne Narkose schmerzfrei und bei vollem Bewusstsein miterleben. Nun war das Interesse an der Akupunktur weltweit erwacht.

In der Zwischenzeit hat sich die Akupunktur bei uns nicht nur behauptet, sondern – in pragmatischeren westlichen Abwandlungen – in unserem medizinischen System auch längst ihren festen Platz gefunden. So wurde die traditionelle Akupunktur bei uns um die Hand-, Fuß-, Mund- und Ohr-Akupunktur erweitert; außerdem gibt es heute moderne technische Verfahren wie die Elektroakupunktur und die Laserakupunktur. Die weitere Erforschung der Akupunktur wird von der Weltgesundheitsorganisation (WHO) gefördert.

Der Nachweis der Meridiane

1985 gelang drei französischen Wissenschaftlern im Pariser Necker-Krankenhaus der Nachweis, dass die Meridiane tatsächlich existieren (was bis dahin noch heftig umstritten war). Sie injizierten mehr als 100 Probanden eine Tracer-Substanz, also einen radioaktiven Markierungsstoff (das Radionuklid Technetium 99, das üblicherweise in der Schilddrüsendiagnostik verwendet wird), sowohl an bestimmten Akupunkturpunkten als auch an »neutralen« Kontrollpunkten. Anschließend verfolgten sie die Ausbreitung des Radionuklids im Körper mit einer Szintillationskamera. Dabei stellten sie fest, dass die Substanz von den neutralen Punkten aus nicht weiterwanderte; von den Akupunkturpunkten aus hingegen folgte sie den erwarteten Verläufen der Meridiane.

Damit war erwiesen, dass die Meridiane nicht ins Reich der medizinischen Märchen gehören; dies haben inzwischen auch andere Forschungsversuche bestätigt.

Willy Penzels große Entdeckung

Von solchen spektakulären Untersuchungen konnte der Entdecker der Akupunkt-Massage, Willy Penzel, noch nichts ahnen, als er sich Mitte der fünfziger Jahre des 20. Jahrhunderts auf einer Bahnfahrt in einen medizinischen Fachartikel vertiefte. Der Aufsatz des Arztes Dr. Joachim von Puttkammer aus dem Jahr 1948 befasste sich mit den Möglichkeiten, bestimmte Körperorgane durch Massagen (an bestimmten Massagepunkten) positiv zu beeinflussen. Der Artikel versetzte Penzel in große Aufregung, denn seine Frau lag zu diesem Zeitpunkt mit einer schweren Organerkrankung in einem Göttinger Krankenhaus.

Vom Schiffsbauer zum Therapeuten

Penzel selbst war kein Arzt, ja, sein bisheriger beruflicher Werdegang hatte nicht einmal entfernt damit zu tun: Als 15-Jähriger hatte er 1933 eine handwerkliche Lehre begonnen und danach im Zweiten Weltkrieg als Soldat gedient. Nach dem Krieg wurde er Schiffsbauingenieur.

Nun aber war schlagartig sein Interesse an alternativ-medizinischen Fragen und Zusammenhängen geweckt. Er studierte aufmerksam den erwähnten Artikel, in der Hoffnung, seiner Frau womöglich selbst helfen zu können. Regelmäßig besuchte er sie in der Klinik, zeigte ihr die entsprechenden Massagepunkte und wies sie an, sich an diesen Körperstellen selbst zu massieren. Tatsächlich besserte sich der Zustand der Patientin zusehends, ohne dass die behandelnden Ärzte dafür eine Erklärung fanden. Nach einigen Wochen konnte sie entlassen werden.

Willy Penzel ließ diese Erfahrung fortan keine Ruhe mehr. Zu Hause experimentierte er weiter, massierte Freunde und Bekannte und handelte sich, als dies in medizinischen Kreisen bekannt wurde, heftige Proteste von Ärzten und Therapeuten ein. Das brachte ihn zu dem Entschluss, beruflich noch einmal umzusatteln, und so ließ er sich im Alter von fast 40 Jahren zum Masseur und medizinischen Bademeister ausbilden. Er bekam zunächst eine Anstellung in einem Reha-Zentrum, war danach an mehreren Kliniken beschäftigt und wurde schließlich leitender Masseur in einer Kurklinik in Bad Pyrmont.

Erste Erfahrungen mit der Akupunkturlehre

Dort klärte ihn ein Arzt auch erstmals über die Akupunkturlehre auf und lieferte ihm dadurch die Lösung eines Rätsels: Schon lange hatte sich Penzel nämlich gefragt, was wohl der Grund für die oft verblüffende Wirkung seiner Massage-Experimente war. Nun wusste er es: Was er massierte, waren nichts anderes als Akupunkturpunkte.

Von da an vertiefte sich Penzel mit großem Eifer in die Akupunkturlehre – was nicht so einfach war, denn damals existierte noch kaum deutschsprachige Literatur über dieses Thema. Doch gerade daran wird deutlich, dass Willy Penzel ein Mensch mit klaren Zielen, einem starken Willen und vor allem mit Intuition und großer Begabung war. Da er zur Deutschen Gesellschaft für Akupunktur keinen Zugang hatte und auch keine entsprechende Ausbildung genoss, erschloss er sich zahlreiche wesentliche Grundlagen der Akupunkturlehre durch Selbststudium und eigene Beobachtungen. Später, als eine wahre Flut von Veröffentlichungen über Akupunktur und östliches Heilwissen den deutschsprachigen Büchermarkt regelrecht überschwemmte, sah er sich in vielen seiner selbst erarbeiteten Gesetze und Regeln bestätigt.

»Mit ganz besonderem Interesse las ich das Buch *Pathogenese und Pathologie der Energetik in der chinesischen Medizin.* Nguyen van Nghi bringt hier längere Auszüge aus dem *Nei King [Neijing],* dem ältesten Lehrbuch der Akupunktur, und hier konnte ich fast wortwörtlich lesen, was ich schon seit fünf Jahren lehrte.«[1]

Auch Schriften wie die des berühmten Wiener Akupunkturmediziners Dr. Johannes Bischko bestärkten Penzel in seinen Erkenntnissen und brachten seine Arbeit ein weiteres Stück voran.

Die Entwicklung der Akupunkt-Massage

Die Akupunktur durfte Penzel allerdings nicht selbst anwenden: Da er weder Arzt noch Heilpraktiker war, war es ihm auch nicht erlaubt, die Haut eines Patienten mit Nadeln zu verletzen. Deshalb beschloss er, die Kombination aus Massage und Meridiantherapie weiterzuentwickeln, die er schon bei seiner Frau (wenn auch ohne näheres Wissen) so erfolgreich angewandt hatte. So kam er auf die Idee, die Akupunkturpunkte über die Meridiane miteinander zu verbinden. Er massierte also nicht nur einzelne Punkte auf den Meridianen, sondern auch die gesamten Energiebahnen. Und damit war eine neue Therapie geboren: die Akupunkt-Massage.

In der Folgezeit erprobte Willy Penzel seine neue Methode an vielen Patienten, die unter neurologischen Störungen oder chronischen Schmerzen litten. Erfolg hatte er vor allem bei Patienten mit Migräneerkrankungen oder mit Erkrankungen des Bewegungsapparates. Das ließ viele seiner Kollegen aufhorchen, und auch zahlreiche Ärzte wurden unter diesen Umständen auf ihn aufmerksam. So begann Penzel im Jahr 1970 mit der Ausbildung von Kollegen.

1 Penzel, Willy: *Akupunkt-Massage nach Penzel,* Bd. 1: *Spannungs-Ausgleichmassage,* Heyen [6]1988, S. 16.

Anfangs hielt Penzel nur Kurse für wenige Teilnehmer in seiner Wohnung in Bad Pyrmont ab. Aber schon nach zwei Jahren wurde der private Rahmen zu klein; 1972 hielt Penzel deshalb seinen ersten offiziellen Kurs in Bad Pyrmont ab. Daraus wurde weitere zwei Jahre später eine regelmäßige Lehrtätigkeit. Als die Zahl der Kursteilnehmer immer größer wurde, gründete Penzel 1983 eine eigene Schule mit angeschlossener Praxis im nahe gelegenen Dörfchen Heyen. Bereits fünf Jahre zuvor hatte sich die »Arbeitsgemeinschaft APM«, die seit Anfang der siebziger Jahre bestanden hatte, um den Erfahrungsaustausch zwischen den Therapeuten zu fördern, zum Internationalen Therapeutenverband Akupunkt-Massage nach Penzel e. V. formiert. Heute befindet sich in Heyen nicht nur der Sitz des Therapeutenverbandes und ein Ausbildungszentrum, das jährlich mehr als tausend Schüler aus aller Welt in der Akupunkt-Massage nach Penzel unterrichtet; seit 1999 steht dort auch ein modernes Gesundheitszentrum, in dem neben der Akupunkt-Massage auch andere sanfte Heilverfahren der chinesischen und der westlichen Medizin Anwendung finden.

Abb. 1: Willy Penzel, der Begründer der Akupunkt-Massage

Willy Penzel selbst hat die neueren Entwicklungen in Heyen nicht mehr erlebt: Er starb 1985 im Alter von 67 Jahren. Seine Frau, der er damals in ihrer schweren Krankheit so hilfreich beigestanden hatte, überlebte ihn um vier Jahre.

Meridiantherapie ohne Nadeln: Das APM-Stäbchen

Da Willy Penzel nicht nur einzelne Akupunkturpunkte, sondern auch ganze Meridiane behandelte, lag es nahe, dass er für seine neue Methode der Meridiantherapie Instrumente verwendete. Hatte er zunächst die nächstliegende Lösung gewählt, nämlich die Massage mit bloßen Fingerkuppen, so ersann er bald ein Hilfsmittel, um präziser arbeiten zu können: Zu diesem Zweck fertigte Penzel sich ein Massagestäbchen aus Kirschbaumholz an und ersetzte es später aus hygienischen Gründen durch ein Metallstäbchen, mit dem es sich noch genauer und gezielter arbeiten ließ.

Der therapeutische »Kugelschreiber«

Das so genannte APM-Stäbchen ähnelt bei flüchtigem Hinsehen in Größe und Aussehen einem Kugelschreiber. An dem einen Ende des Metallstäbchens sitzt auch eine Kugel, die ungefähr so groß wie ein Stecknadelkopf ist und als Therapiespitze dient. Sie spielt bei der APM-Behandlung eine wichtige Rolle, denn auf diese Kugel übt der Therapeut mit der Fingerbeere des Mittelfingers einen sanften Druck aus, während er auf dem Körper des Patienten die Meridiane zieht.

Dieses Verfahren hat gegenüber der Akupunktur einen gewissen Vorteil: Nicht nur, dass sich Beschwerden und Störungen mit der Akupunkt-Massage im Prinzip genauso gut wie mit der Akupunktur behandeln lassen; den Patienten bleibt darüber hinaus auch die Behandlung mit Nadeln erspart. Gerade für ängst-

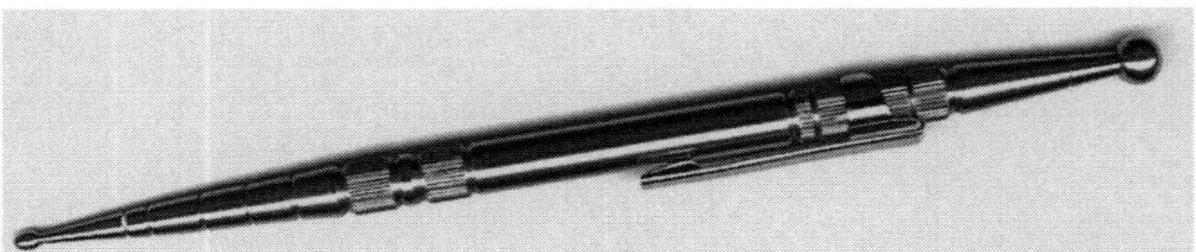

Abb. 2: Mit dem APM-Stäbchen werden die Meridiane gezogen und Akupunkturpunkte tonisiert.

liche und empfindliche Patienten – und besonders natürlich für Kinder – kann das durchaus den Ausschlag geben.

Gewiss, die meisten Einstiche bei einer Akupunktur kann man kaum als schmerzhaft bezeichnen. Trotzdem können im Verlauf einer Akupunkturbehandlung manchmal Schmerzen auftreten, nämlich dann, wenn der Patient die Muskeln an der Einstichstelle anspannt. Außerdem gibt es in der Akupunktur einige wenige Stichtechniken, die in der Tat als sehr schmerzhaft bekannt sind. Die Akupunkt-Massage hingegen ist nicht nur eine schmerzfreie Behandlungsmethode, sie wird von den Patienten sogar als ausgesprochen angenehm und wohltuend empfunden.

Im Grunde genommen hat eine Akupunkt-Massage-Behandlung – ganz gleich, welches Instrument der Therapeut verwendet – immer dasselbe Ziel: durch sanften, aber gezielten Reiz auf die Meridiane die blockierte Energie im Körper des Patienten wieder zum Fließen zu bringen. Diese Anwendung lässt sich, wie es schon Penzel tat, mit der bloßen Fingerkuppe durchführen; man könnte zur Not sogar einen Löffelstiel verwenden. Letztlich spricht aber für die Verwendung des APM-Stäbchens, dass sich mit der feinen Therapiespitze der Reiz auf der Haut differenzierter setzen lässt, sodass die Massage ihre volle Wirkung entfalten kann.

Kapitel 2

Die chinesische Energielehre

Für seine Zwecke hielt Willy Penzel das Studium und die Anwendung der fernöstlichen Heilkunde in ihrer Gesamtheit nicht für erforderlich. Ihn interessierte vor allem die chinesische Energielehre. Den Rest – vor allem den geistig-philosophischen Unterbau – sah er eher als »mystischen Ballast« an. Allerdings kommt man nicht umhin, gewisse Grundbegriffe der chinesischen Heilkunde kennen zu lernen, wenn man auch die Akupunkt-Massage verstehen will. Sie sollen deshalb hier kurz erläutert werden – allen voran die inzwischen wohl bekannten Begriffe von Yin und Yang.

Yin und Yang

Unser Leben ist gekennzeichnet von Polaritäten – das heißt, dass es überall in unserer Welt Gegensatzpaare gibt: zwei grundsätzlich voneinander verschiedene Dinge, die dennoch zusammengehören. Manche beeinflussen unser Leben spürbar, andere fallen uns kaum auf. So gibt es etwa die Gegensätze Kalt und Warm, Winter und Sommer, Unten und Oben, Innen und Außen, Ebbe und Flut, Nacht und Tag.

Aktiv und passiv

Alle Gegensätze lassen sich nach dem chinesischen Naturverständnis im Yin und im Yang wieder finden. Anders ausgedrückt: Alle Dinge haben einen Yin- und einen Yang-Aspekt. Yang, der eine Pol, bedeutet Himmel, steht aber auch für das Bewegende,

Aktivierende, Wärmende, Männliche. Yin, der entgegengesetzte Pol, verkörpert die Erde und damit das Ruhende, Kühlende, Weibliche. Yin und Yang entsprechen also den beiden Polen eines Ganzen, die in einem lebendigen Austausch miteinander stehen, sich gegenseitig bedingen und dabei gleichzeitig begrenzen.

Abb. 3: Yin enthält immer einen Teil Yang und umgekehrt. Das Verhältnis von Yin und Yang ist in ständiger Bewegung.

Stark vereinfacht ausgedrückt kann man Yin als die *passive* und Yang als die *aktive* Seite einer Sache bezeichnen, wobei diese Begriffe nicht wertend gemeint sind. Weitere Beispiele für Yin-Yang-Paare sind:

Yin	**Yang**
Erde	Himmel
Tief	Hoch
Ruhe	Aktivität
Statik	Dynamik
Frau	Mann
Kontraktion	Expansion
Abbau	Aufbau
Feucht	Trocken
Schwarz	Weiß
Wasser	Feuer
Winter	Sommer
Kalt	Warm

Was versteht man unter Lebensenergie?

Wenn sich das Yin-Yang-Prinzip in allen Dingen wieder finden lässt, so ist von dieser Tatsache natürlich auch der menschliche Organismus nicht ausgenommen.

Nach chinesischem Naturverständnis erhält jeder Mensch bei seiner Zeugung seine ganz persönliche Lebensenergie (Qi). Man kann sich diese Lebensenergie gewissermaßen als eine individuelle »Batterie« vorstellen, die ein ganz bestimmtes Energiepotenzial, eine bestimmte Lebensdauer und natürlich einen Plus- und einen Minuspol (Yang und Yin) hat. Und genauso, wie der elektrische Strom nur fließen kann, wenn beide Pole genügend Ladung haben, kann auch die Lebensenergie nur fließen, wenn beide Pole in einem lebendigen Austausch zueinander stehen.

Meridiane als Energieleitbahnen

Damit nun aber die Lebensenergie im Körper fließen kann, braucht sie natürlich – neben einer gewissen Spannung – auch entsprechende Kanäle oder Leitbahnen. Diese Kanäle werden, da sie polar angeordnet sind, in Analogie zum Meridiansystem der Erde Meridiane genannt. Die Energie fließt also durch diese Meridiane, die sich – wiederum entsprechend dem Polaritätsmodell – ebenfalls in Yin- und Yang-Meridiane einteilen lassen; auf diese Weise entsteht der so genannte Energiekreislauf, der alle Funktionen des Körpers steuert und am Laufen hält.

Der Verlauf der Meridiane

Sechs Yin- und sechs Yang-Meridiane hat der menschliche Körper. Sie sind paarig angeordnet, also jeweils auf beiden Seiten des Körpers (links und rechts) angelegt. Daneben gibt es noch zwei übergeordnete Gefäße: Das so genannte Konzeptionsgefäß verläuft von der Symphyse (Schambeinfuge) bis zur Unterlippe und wird auch »Mutter des Yin« genannt, während das Gouverneurgefäß oder »Vater des Yang« von der Oberlippe zur Steißbeinspitze verläuft.

Häufig wird dieser Verlauf genau umgekehrt beschrieben (also von der Steißbeinspitze zur Oberlippe). Damit war Penzel jedoch im Hinblick auf die Verlaufsrichtungen der Yin- und Yang-Meridiane allgemein nicht einverstanden. Überzeugen wir uns selbst: Die zwölf Hauptmeridianpaare verlaufen – vorwiegend in Längsrichtung – über Beine, Rumpf, Kopf und Arme. Die Körpervorderseite ist dabei dem Yin zugeordnet; hier strömt die Energie *aufwärts* durch die Leitbahnen, das heißt durch die Yin-Meridiane und das Konzeptionsgefäß. Die Körperrückseite und der Kopf sind hingegen dem Yang zugeordnet. Hier fließt die Energie *in Abwärtsrichtung* durch die Meridiane – und damit, so folgerte Penzel, auch durch das Gouverneurgefäß.

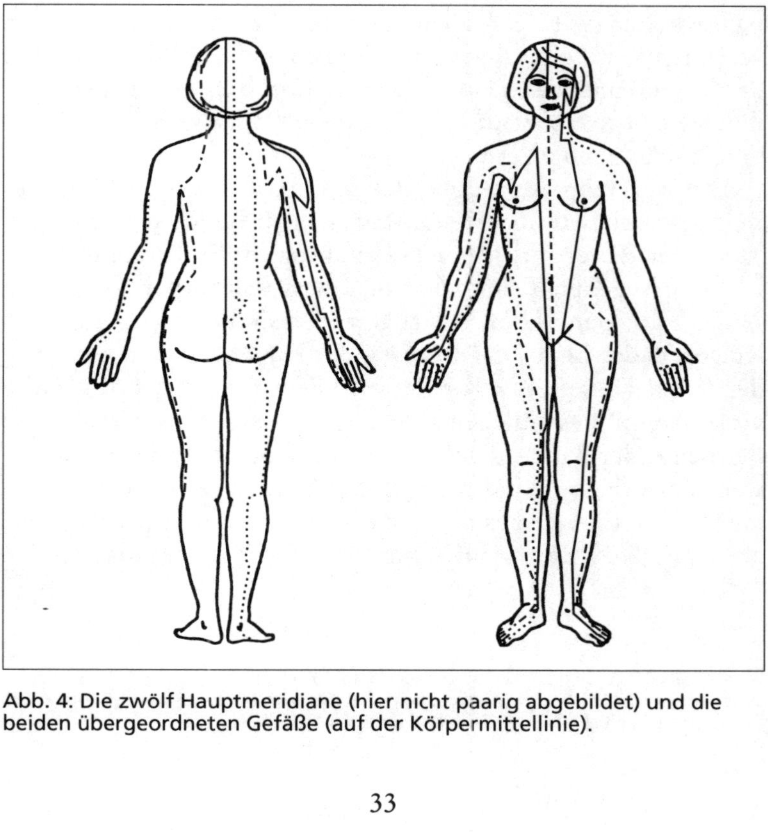

Abb. 4: Die zwölf Hauptmeridiane (hier nicht paarig abgebildet) und die beiden übergeordneten Gefäße (auf der Körpermittellinie).

Auch die Meridianverläufe sind in der Akupunkt-Massage teilweise etwas anders dargestellt, als man sie in den Büchern zur Akupunkturlehre vorfindet. Nebenbei gesagt: Selbst in der chinesischen Literatur weichen die Meridiane aufgrund regionaler und zeitlicher Unterschiede ihrer Aufzeichnung voneinander ab. Die Meridiane verlaufen auch nicht immer nur an der Körperoberfläche, sondern liegen zum Teil tiefer im Körper.

Willy Penzel stand, wie schon erwähnt, anfangs sehr wenig Literatur zur Akupunkturlehre zur Verfügung. Und auch aus diesen Unterlagen holte er immer nur das für ihn Wesentliche heraus, wobei er im Laufe der Zeit seine eigenen Erfahrungen mit einbrachte. Als Beispiel sei der Gallenblasenmeridian genannt: Sein Verlauf wird, vor allem im Kopfbereich, in den meisten Büchern sehr unterschiedlich und verwirrend dargestellt. Penzel wollte daher durch eigene Beobachtungen und Experimente klären, wie der Gallenblasenmeridian denn nun wirklich verlaufen könnte, und verband deshalb einfach die wichtigsten Punkte miteinander. Dabei stellte er fest, dass er mit dem von ihm festgelegten Verlauf das Therapieziel ohne weiteres erreichte. Und das genügte ihm.

Die Yin-Yang-Aufteilung der Meridiane kann ein einfaches Beispiel noch deutlicher veranschaulichen: Stellen wir uns einen Mann vor, der um die Mittagszeit auf seinem Feld arbeitet. Seine Haltung ist gebückt. Deshalb empfangen alle Körperteile, die bei seiner Tätigkeit der Sonne zugewandt sind, ihre Energie: die Rückseite der Beine, der Rücken, der Kopf und die Außenseite der Arme. Dieses ganze Gebiet wird dem Yang zugeordnet, hier verlaufen im Wesentlichen alle Yang-Meridiane.[2] Die Innenseite der Beine, der Bauch, die Brust und die Innenseite der Arme unseres Feldarbeiters sind dagegen der Erde zugewandt. Sie empfangen ihre Energie aus der Erde und sind deshalb dem Yin zugeordnet. Deshalb verlaufen hier auch alle Yin-Meridiane.

2 Bis auf eine Ausnahme: der Magenmeridian. Er beginnt etwas oberhalb der Schläfe und verläuft über das Gesicht und die Körpervorderseite *abwärts* – wie alle Yang-Meridiane – bis zur Außenseite der zweiten Zehe.

Die Akupunkturpunkte

Grundsätzlich arbeitet die Akupunkt-Massage nie mit Nadeln; nichtsdestotrotz spielen die Akupunkturpunkte – die ja auf den Meridianen liegen – bei dieser Therapieform ein wichtige Rolle. Denn neben der Behandlung der gesamten Meridiane ist auch eine punktuelle Behandlung fester Bestandteil der Akupunkt-Massage.

Auf den Meridianen einer Körperhälfte einschließlich der Körpermittellinie befinden sich mehr als 360 Akupunkturpunkte. Bildlich gesprochen kann man sie als Schalter im Netz der Energieleitbahnen bezeichnen. In gewisser Hinsicht ist ein Organ im Körper, das in seiner Funktion gestört ist, ja tatsächlich vergleichbar mit einem Raum, in dem kein Licht brennt: Vorausgesetzt, dass überhaupt Strom (Lebensenergie) vorhanden ist, kann die Störung entweder in der Leitung (Meridian) oder am Schalter (Akupunkturpunkt) liegen. Es wird also nichts nützen, nur das Kabel zu kontrollieren, wenn der Schalter defekt ist. Aber auch umgekehrt kann der Schalter (Akupunkturpunkt) erst dann seine Funktion erfüllen, wenn das Kabel (Meridian) leitfähig ist.

Die fünf Elemente oder Wandlungsphasen

Neben den beiden Gegensätzen von Yin und Yang war schon im alten China ein weiteres Kategoriensystem bekannt, in das sich alle Dinge und Vorgänge im Kosmos einordnen lassen: die fünf Elemente oder fünf Wandlungsphasen. Auch dieses System spielt für die Akupunkt-Massage eine Rolle.

Es handelt sich hier um die Elemente Holz, Feuer, Erde, Metall und Wasser – Dinge also, die in der Natur zu finden sind. Je nach ihrer Konstellation können sie einander helfen und ergänzen oder sich gegenseitig hemmen und ausschließen. In einer bestimmten Anordnung bilden die fünf Elemente einen Kreislauf. Deshalb wird die Theorie der fünf Wandlungsphasen auch häufig in einem Kreismodell dargestellt.

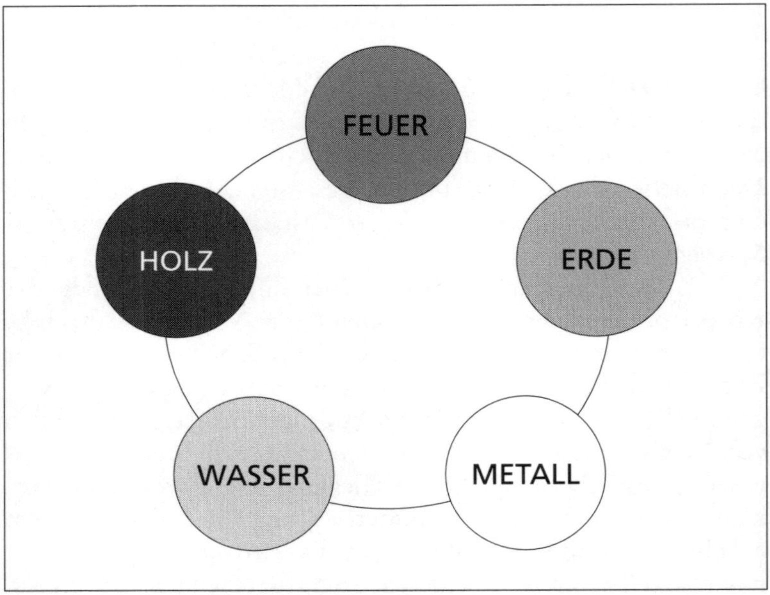

Abb. 5: Der Kreislauf der fünf Elemente.

Liest man dieses Kreismodell nun im Uhrzeigersinn, so ergibt sich folgender Zyklus des Entstehens und Erschaffens: *Holz* verbrennt durch *Feuer* zu Asche *(Erde)*. In der Erde findet sich das *Metall*, das sich verflüssigen kann und zu *Wasser* führt. Wasser wiederum lässt die Pflanzen gedeihen und bringt dadurch neues *Holz* hervor. Hier schließt sich der Kreislauf.

Nun lassen sich jedem der fünf Elemente (ebenso wie den Kategorien Yin und Yang) verschiedene Vorgänge, Funktionen und Qualitäten zuordnen, die sich zueinander in ähnlicher Weise wie die Elemente selbst verhalten. Überträgt man zum Beispiel das Elemente-Schema auf die Jahreszeiten, so ergibt sich folgende Hervorbringungsreihenfolge:

Holz	**Feuer**	**Erde**	**Metall**	**Wasser**
Frühling	Sommer	Spätsommer	Herbst	Winter

Das Modell der fünf Wandlungsphasen kann auch auf die Meridiane angewandt werden. Wie zu erwarten, ist jedem Element ein Yin- und ein Yang-Meridian zugeordnet. Wir haben es allerdings mit sechs Yin- und sechs Yang-Meridianen im Gegensatz zu fünf Elementen zu tun; dem Element Feuer sind daher je zwei Yin- und Yang-Meridiane zugeordnet.

Die Organe

Wenn man die Energielehre richtig verstehen möchte, gilt es nun noch, den Begriff des Organs zu klären. Unter einem Organ versteht die chinesische Medizin nämlich nicht exakt dasselbe wie die westliche Medizin. Wir denken dabei in erster Linie an einen bestimmten Teil des Körpers, der durch seine physische Beschaffenheit und seine spezifische Funktion charakterisiert ist. In der östlichen Medizin gibt es jedoch kein vergleichbares *anatomisches* System. Physische Struktur und Beschaffenheit eines Organs spielen hier keine Rolle, die mit ihm assoziierten Funktionen dagegen sehr wohl. Anstelle von Organen spricht man in der Traditionellen Chinesischen Medizin daher häufiger von *Funktionskreisen.* Dieser Begriff ist zweifellos klarer und weniger missverständlich. Da aber in der Akupunkt-Massage der Begriff Organ gebräuchlich ist und in der praktischen Anwendung häufig auch der physische Aspekt mit einbezogen wird, werden wir ausschließlich diesen Begriff benutzen. Die angeführte Funktionskreis-Definition ist für das Verständnis der chinesischen Energielehre dennoch wichtig.

Das Wesen der Organe

Entsprechend ihren Aufgaben und Funktionen lassen sich die Organe der chinesischen Medizin nach dem bekannten Polaritätsprinzip ordnen: Sie speichern etwas oder bringen es in Umlauf; sie bewahren oder verwandeln; sie beruhigen oder aktivieren; sie nehmen auf oder scheiden aus. Kurz gesagt: Man unterscheidet zwischen Speicher- und Durchgangsorganen bzw. Yin- und Yang-Organen.

Es liegt nun eigentlich nahe, dass der Begriff Organ in der chinesischen Medizin nicht nur eine bestimmte Funktion oder Aktivität beschreibt, sondern dass jedes Organ auch mit einem bestimmten Meridian in Verbindung gebracht wird. Wenn der Therapeut also zum Beispiel von der *Blase* spricht, meint er eigentlich den *Blasenmeridian.*

Insgesamt haben wir es (analog zur Anzahl der Meridiane) mit sechs Yin- und sechs Yang-Organen zu tun. Das heißt, dass die chinesische Medizin eine Reihe von Organen, die die westliche Medizin aufzählt, in diesem Zusammenhang überhaupt nicht zur Kenntnis nimmt. Sie nennt dafür ein anderes, im anatomischen Sinn gänzlich unbekanntes Organ – den so genannten Dreifachen Erwärmer. Er hat nicht nur, wie sein Name schon andeutet, mit der Regulierung des Wärmehaushaltes zu tun, sondern steuert auch bestimmte Vorgänge im Körper, und zwar auf drei Ebenen: im oberen Erwärmer die Atmung, im mittleren Erwärmer die Verdauung und im unteren Erwärmer die Ausscheidung. Bildlich gesprochen könnte man den Dreifachen Erwärmer auch als »Briefträger« zwischen den einzelnen Körperregionen und Organen bezeichnen.

Die sechs Yin-Organe, die die Aufgabe erfüllen, Körpersubstanzen wie Blut und Körpersäfte, aber auch Qi herzustellen oder umzuwandeln, sie zu regulieren oder zu speichern, sind Herz, Lunge, Milz-Pankreas, Leber, Nieren und Kreislauf. Die sechs Yang-Organe sind Gallenblase, Magen, Dünndarm, Dickdarm, Blase und Dreifacher Erwärmer. Natürlich fällt hierbei auf, dass sich die Funktionen des Speicherns oder Verteilens, Bewahrens oder Verwandelns und Aufnehmens oder Ausscheidens im Hinblick auf die einzelnen Organe nicht scharf voneinander abgrenzen lassen. Dies bedeutet letztlich aber nur, dass jedes Organ sowohl einen Yin- als auch einen Yang-Aspekt hat (wie im Übrigen alle anderen Dinge auch).

Die chinesische Medizin betrachtet den Menschen außerdem in seiner Gesamtheit, anstatt Körper, Geist und Seele voneinander zu trennen. Deshalb wäre es unzureichend, die Organe nur unter dem Gesichtspunkt ihrer jeweiligen Körperfunktionen zu sehen. Vielmehr werden auch verschiedene Wesenszüge eines Menschen mit den Organen in Verbindung gebracht: Begriffe wie »herzlich«, »beherzt«, »herzensgut« oder Redewendungen wie »das Herz auf der Zunge tragen« kommen dieser Vorstellung auch im deutschen Sprachgebrauch sehr nahe.

Die Organe im Kreis der fünf Elemente

Nun lässt sich erkennen, wie die einzelnen Meridiane/Organe den fünf Elementen zuzuordnen sind. Rufen wir uns in Erinnerung, dass jedem Element je ein Yin- und ein Yang-Organ, dem Element Feuer je zwei zugeteilt werden.

Element	**Holz**	**Feuer**	**Erde**	**Metall**	**Wasser**
Yin-Organ	Leber	Herz/ Kreislauf	Milz-Pankreas	Lunge	Nieren
Yang-Organ	Galle	Dünndarm/ Dreifacher Erwärmer	Magen	Dickdarm	Blase
Jahreszeit	Frühling	Sommer	Spätsommer	Herbst	Winter

An dieser Einteilung lässt sich auch ablesen, dass zu bestimmten Jahreszeiten gewisse Organe aktiver sind als sonst: Im Frühjahr tritt das Holz-Element (Leber/Galle) in den Vordergrund, im Sommer das Feuer-Element (Herz/Kreislauf bzw. Dünndarm/ Dreifacher Erwärmer), im Spätsommer das Erd-Element (Milz-Pankreas/Magen), im Herbst das Metall-Element (Lunge/Dickdarm) und im Winter das Wasser-Element (Nieren/Blase).

Der Energiestern

Aber nicht nur im Verlauf des Jahres, sondern auch im Rhythmus der Tageszeiten verlagern sich die Aktivitäten, also die *Energieverteilungen* im Körper, stetig und regelmäßig. Mit dieser Feststellung sind wir an einem wichtigen Punkt angelangt: Dies ist ein Abschnitt der chinesischen Energielehre, der eine wesentliche Grundlage für die Akupunkt-Massage darstellt.

Die Organuhr

Wie bereits erwähnt, fließt die Lebensenergie Qi in ganz bestimmter Richtung und Geschwindigkeit durch die Meridiane: in den Yin-Meridianen auf der Körpervorderseite *aufwärts* und

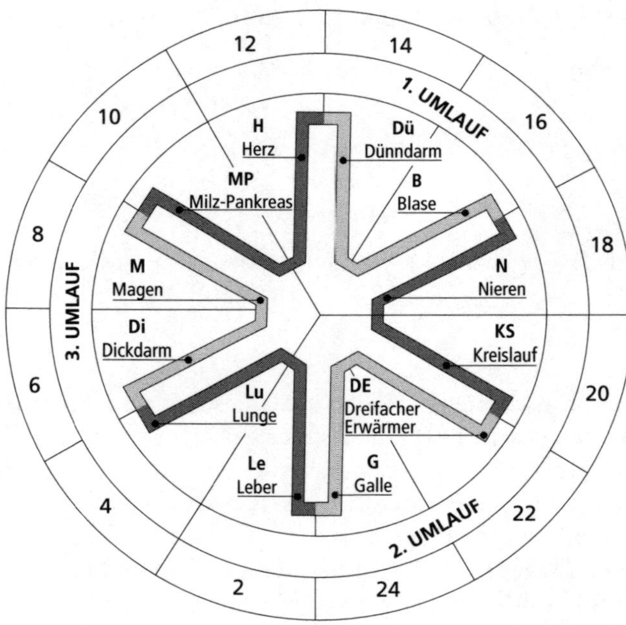

Abb. 6: Der Energiestern nach Penzel liefert einen schnellen Überblick über wichtige Regeln der Akupunkt-Massage.

auf der Innenseite der Arme *vom Körper weg* zu den Fingerspitzen, in den Yang-Meridianen auf der Außenseite der Arme *zum Körper hin* und auf der Körperrückseite *abwärts.* Auf diese Weise bilden die Yin- und Yang-Meridiane einen Kreislauf: Die Energie fließt – über Verbindungsstrecken, die so genannten Übergänge – von einem Meridian in den nächsten, ihm benachbarten. Die genaue Reihenfolge lässt sich im Uhrzeigersinn am Energiestern (Abbildung 6) ablesen.

Vom Herzmeridian fließt die Energie demnach in den Dünndarmmeridian, anschließend in den Blasenmeridian, danach den Nierenmeridian usw. Aus dieser Reihenfolge wird die so genannte *Mutter-Sohn-Regel* abgeleitet: Als »Mutter« gilt der im Energiekreislauf vorangehende Meridian, als »Sohn« der ihm benachbarte, nachfolgende Meridian.

In dieser Reihenfolge durchflutet die Energie im Verlauf von 24 Stunden nacheinander *alle* Meridiane. Dabei ist noch zu erwähnen, dass sich der gesamte Meridiankreislauf aus drei Umläufen zusammensetzt, die jeweils zwei Yin- und zwei Yang-Meridiane umfassen.

1. Umlauf:
Herz (Yin) = Innenseite Arm
Dünndarm (Yang) = Außenseite Arm
Blase (Yang) = Körperrückseite
Nieren (Yin) = Körpervorderseite

2. Umlauf:
Kreislauf (Yin) = Innenseite Arm
Dreifacher Erwärmer (Yang) = Außenseite Arm
Gallenblase (Yang) = Körperrückseite
Leber (Yin) = Körpervorderseite

3. Umlauf:
Lunge (Yin) = Innenseite Arm
Dickdarm (Yang) = Außenseite Arm
Magen (Yang) = Körpervorderseite (von oben nach unten!)
Milz-Pankreas (Yin) = Körpervorderseite

Der Name kommt übrigens daher, dass jeder Umlauf einmal um den Körper verläuft. Ein Umlauf besteht also immer aus zwei langen, den Rumpf und die Beine versorgenden Meridianen und zwei kurzen, die Arme und Schulter versorgenden Meridianen. Der Kopf wird ausschließlich von den Yang-Meridianen versorgt. Jeder einzelne Meridian erhält also täglich zwei Stunden lang (24 geteilt durch zwölf) ein Maximum an Energie. Die entsprechenden Tageszeiten bzw. Umläufe sind ebenfalls leicht am Energiestern abzulesen, und zwar an den beiden äußeren Kreisringen.

Wenn jeder Meridian zu einer bestimmten Tageszeit von Lebensenergie durchflutet wird, so heißt das natürlich nicht, dass die anderen Meridiane während dieser Zeit leer ausgehen. Es bedeutet nur, dass jeder einzelne Meridian für jeweils zwei Stunden pro Tag ein Energiemaximum erhält: Das ist, als ob im Verlauf eines Tages gleichsam eine Energiewelle das gesamte Meridiansystem durchfluten würde.

Daraus folgt nun die nächste, nämlich die *Mittag-Mitternacht-Regel:* Während sich der eine Meridian in seinem Energiemaximum befindet, weist sein Oppositionsmeridian zur gleichen Zeit ein Minimum an Qi auf. Am Energiestern lässt sich wieder ablesen, welche Meridiane einander gegenüber liegen: Befindet sich zum Beispiel der Dünndarm im Energiefüllezustand, so erhält die Leber zur gleichen Zeit ein Energieminimum.

Jedes Organ erhält zu jeweils einer bestimmten Tageszeit sein Maximum bzw. sein Minimum an Energie.

Weitere Regeln

Zwei weitere Regeln sind vor allem für die *praktische* APM-Anwendung von Bedeutung; sie seien deshalb an dieser Stelle nur kurz erwähnt.

Gekoppelte Meridiane sind Meridiane, die, wie schon in der Mutter-Sohn-Regel gezeigt wurde, nebeneinander liegen und insofern auch aufeinander folgen. In diesem Fall aber ist der Energiekreislauf in kleinste energetische Funktionseinheiten unterteilt: in Meridianpaare, die nach der Fünf-Elemente-Lehre jeweils gemeinsam einem Element angehören. Folglich ist je einer der beiden Meridiane ein Yin- und der andere ein Yang-Meridian. Am Energiestern lassen sich die folgenden Yin-Yang-Paare ablesen: Herz/Dünndarm – Blase/Nieren – Kreislauf/Dreifacher Erwärmer – Galle/Leber – Lunge/Dickdarm – Magen/Milz-Pankreas.

Die letzte der vier Regeln ist etwas komplizierter und auch nicht am Energiestern ablesbar. Es handelt sich um die *Frau-Mann-Regel.* Sie beruht auf der Voraussetzung, dass an bestimmten Stellen der Handgelenke jeweils der Puls eines Organs tastbar ist, und lautet: Organe, deren Puls am rechten Handgelenk zu fühlen ist, gefährden Organe, die an der gleichen Stelle der linken Hand tastbar sind, und umgekehrt. Nach dieser Regel ergeben sich folgende Konstellationen: Herz/Lunge; Leber/Milz-Pankreas; Nieren/Kreislauf; Dünndarm/Dickdarm, Galle/Magen und Blase/Dreifacher Erwärmer.

Krankheit als Störung des Energieflusses

Wenn bisher, insbesondere bei der Mittag-Mitternacht-Regel, von Energiemaximum und Energieminimum die Rede war, so bezog sich das selbstverständlich auf das Auf und Ab in einem *gesunden* Organismus. Eine ganz andere Art der Energiefülle oder -leere stellt hingegen die *Energiefluss-Störung* dar. Mit diesem Begriff ist ein energetisches Ungleichgewicht gemeint, das *krank* macht. Im engeren Sinne gibt es für die Lehre der Akupunkt-Massage ohnehin nur eine einzige Krankheitsursache: die Energiefluss-Störung.

Energieblockaden und verstopfte Kanäle

Wenn man den bereits verwendeten Vergleich der persönlichen Lebensenergie jedes Einzelnen mit einer Batterie fortführen will, so lässt sich folgern, dass wir diese Batterie durch unsere tägliche

Nahrung, durch Luft, Licht und Bewegung regelmäßig aufladen, ihre Energie aufrechterhalten und ihre Lebensdauer verlängern können. Solange keine widrigen Umstände auftreten, wird die Batterie ihre Energie regelmäßig und gleichmäßig an das angeschlossene »Gerät« – unseren Körper – abgeben. Die Lebensenergie wird also – bedingt durch den ständigen Austausch zwischen Yin- und Yang-Pol – gleichmäßig und harmonisch durch unseren Körper fließen und ihn mit der genau richtigen Energiemenge versorgen.

Durch falsche Ernährung, Umweltbelastungen, Unfallfolgen, psychische Belastungen oder andere Ursachen kann jedoch der dynamische Austausch zwischen Yin und Yang im Körper aus dem Gleichgewicht geraten. Dann fließt die Energie nicht mehr gleichmäßig, sodass es zu einer Energiefluss-Störung kommt. Während an einer Stelle eine Energiefülle entsteht, tritt gleichzeitig an anderer Stelle ein Energiemangel auf: Der Mensch fühlt sich unwohl und wird unter Umständen krank. Das folgende Beispiel für ein solches energetisches Ungleichgewicht kennt wahrscheinlich jeder aus eigener Erfahrung: Wenn man erkältet ist, fühlt sich der Kopf heiß an, die Schleimhäute sind geschwollen; die Füße dagegen sind kalt, und man friert.

Ein weiteres Bild vermag die Bedeutung des gleichmäßigen Energieflusses noch besser zu veranschaulichen: Vergleichen wir die fließende Energie mit Wasser, das durch das Kanalsystem einer Bewässerungsanlage läuft. Wenn der Wasservorrat ausreichend ist und die Kanäle frei sind, kann das Wasser gleichmäßig zirkulieren. Das Feld wird an jeder Stelle optimal bewässert, die Pflanzen sind mit genau der richtigen Wassermenge versorgt. Wenn dagegen einzelne Kanäle verstopft sind, etwa durch Erdbrocken oder Abfälle, staut sich das Wasser an diesen Stellen. Auf der einen Seite des Hindernisses wird das Feld nun überschwemmt, auf der anderen Seite vertrocknet die Erde. Wenn der Feldbesitzer nicht rechtzeitig eingreift und die Kanäle säubert, werden alle Pflanzen eingehen – die einen verfaulen, die anderen verdorren.

Auf unseren Körper übertragen bedeutet das: Solange die Energie gleichmäßig fließt, sind wir gesund und leistungsfähig.

Staut sich die Energie jedoch an einzelnen Stellen, so tritt ein Ungleichgewicht auf, das uns krank macht. Auf der einen Seite ist nun *zu viel,* auf der anderen *zu wenig* Energie vorhanden: Und beides kann sich in Form von heftigen Beschwerden bemerkbar machen.

Die Bedeutung von Narben

Nicht nur Einflüsse von außen können unsere Energiebahnen blockieren und unseren Energiefluss zum Stocken bringen. Es gibt auch energetische Störfelder, die sich im Körper selbst befinden: Das können blockierte Gelenke oder vereiterte Zähne sein; vor allem aber sind es Narben. Ihnen sollte man stets ganz besondere Aufmerksamkeit widmen, denn sie stellen in vielen Fällen das entscheidende Hindernis dar, an dem sich die Energie wie im Beispiel der Bewässerungsanlage stauen kann. Denken wir etwa an einen Kaiserschnitt: Bei einem solchen Eingriff werden in der Regel drei bis fünf Meridiane (das Konzeptionsgefäß inbegriffen) durchschnitten. Das dabei entstehende Narbengewebe kann einen ungeheuren Energiestau auf der einen und eine große Energieleere auf der anderen Seite verursachen.

Wie wir wissen, steht über das Meridiansystem alles im Körper miteinander in Verbindung. Eine Störung im Energiedurchfluss kann daher gravierende Folgen haben, und zwar nicht nur in unmittelbarer Umgebung des Narbengewebes, sondern auch an weit entfernten Körperstellen. Da die Meridiane ja einen Kreislauf bilden und somit alles im Körper miteinander in Verbindung steht, kann sich eine Narbe am Bauch sogar am Rücken bemerkbar machen oder ein blockiertes Kreuz-Darmbein-Gelenk den Blasenmeridian, der den ganzen Rücken versorgt, beeinflussen.

Auch Willy Penzel fielen solche Zusammenhänge auf: So stellte er zum Beispiel fest, dass eine Blinddarm- oder Gallenblasenoperation häufig rechtsseitigen Kopfschmerz zur Folge hat, eine Schnittwunde am linken Zeigefinger linksseitige Schulterschmerzen verursacht und nach einer Schilddrüsenoperation oft Rückenschmerzen auftreten. Narben können also krank machen, und gerade deshalb ist es so wichtig, dass der APM-Therapeut bei der Behandlung eines Patienten immer auch die vorhandenen Narben mit berücksichtigt.

Ganzheitliche Behandlung für Körper, Geist und Seele

Es lässt sich also festhalten, dass die Akupunkt-Massage immer nur Energiefluss-Störungen behandelt, niemals Krankheiten. Sie beseitigt demnach genau genommen keine Symptome, sondern aktiviert vielmehr die Selbstheilungskräfte des Körpers. Auf diese Weise kann sie den gesamten Organismus mit seiner Vielzahl an Störungen beeinflussen.

Natürlich umfasst der gesamte Organismus nicht nur den Körper, sondern auch Geist und Psyche. Auch sie werden durch die APM-Behandlung angesprochen und gegebenenfalls von Beeinträchtigungen und Störungen befreit. Man kann also die Akupunkt-Massage mit Fug und Recht als ganzheitliche Behandlungsmethode bezeichnen.

Nebenbei sei auch noch einmal daran erinnert, was über die Organe im Sinne der chinesischen Medizin gesagt wurde: Sie werden nicht nur mit bestimmten Körperfunktionen, sondern auch mit gewissen Wesenszügen des Menschen in Verbindung gebracht. Die Meridiantherapie spricht demnach also neben den körperlichen Funktionen auch die geistig-seelischen Befindlichkeiten an.

»Haltet mir die Akupunkt-Massage einfach!«

Jeder Therapeut, der eine Ausbildung in Akupunkt-Massage gemacht hat, kennt diese Forderung von Willy Penzel, der zweifellos mit dem besten Beispiel vorangegangen ist. Denn schließlich hat er es zuwege gebracht, aus den komplexen, manchmal sehr schwer verständlichen Zusammenhängen der chinesischen Medizin gerade so viel herauszufiltern, wie für ein klares, übersichtliches Regelwerk als Grundlage seiner Therapie vonnöten war.

Tatsächlich liegt jeder APM-Behandlung ein ganz einfaches Therapiekonzept zugrunde: Denn es werden immer nur Energiefluss-Störungen, das heißt Fülle- oder Leerezustände in den Meridianen, behandelt. Die Akupunkt-Massage, daran sei erinnert, kann zwar weder Energie erzeugen noch vernichten, sondern nur umverteilen; sie hilft dem Körper jedoch entscheidend dabei, wieder in ein energetisches Gleichgewicht zu kommen.

»Nicht das Nervensystem, nicht der Blutkreislauf, sondern der Energiekreislauf, die unsichtbar strömende Lebensenergie macht uns lebendig.«

Willy Penzel

Kapitel 3
Die Akupunkt-Massage in der Praxis

Wenn Sie sich entschließen sollten, eine APM-Therapie in Anspruch zu nehmen, stellt sich natürlich zunächst die Frage, wie Sie einen geeigneten APM-Therapeuten finden. Dazu gibt es verschiedene Möglichkeiten: Zum einen können Sie Ihren Arzt oder Heilpraktiker fragen. Sie können aber auch im Internet nachsehen: Unter der Adresse *www.apm-penzel.de* finden Sie ein vollständiges Verzeichnis aller ausgebildeten APM-Therapeuten im In- und Ausland. Falls Ihnen diese Möglichkeit nicht zur Verfügung steht, wenden Sie sich am besten an den Internationalen Therapeutenverband (Adresse im Anhang), der Ihnen gern die Therapeutenliste zuschickt. In jedem Fall dürfte es keine Schwierigkeit darstellen, einen Therapeuten in Ihrer Nähe zu finden. Denn schon seit längerer Zeit besteht in Deutschland, Österreich und der Schweiz ein dichtes Netz von APM-Therapeuten, meistens mit eigener Praxis. Und auch in anderen Ländern wächst die Zahl der APM-Therapeuten beständig.

Um die Akupunkt-Massage anwenden zu können, muss ein Therapeut natürlich zunächst die entsprechende APM-Ausbildung absolviert haben. Doch damit sind meistens noch nicht alle Voraussetzungen erfüllt. In Deutschland etwa darf die Akupunkt-Massage nur von Therapeuten mit einer bestimmten medizinischen Fachausbildung ausgeübt werden: Zu diesem Kreis gehören Masseure und medizinische Bademeister ebenso wie Krankengymnasten, Physiotherapeuten, Krankenpfleger, Hebammen, Ärzte und Heilpraktiker.

Doch nur den beiden Letztgenannten – Arzt und Heilpraktiker – ist die Entscheidung vorbehalten, mit welchen Mitteln die

Beschwerden oder Erkrankungen eines Patienten behandelt werden dürfen: mit Maßnahmen der physikalischen Therapie (zu der im weiteren Sinn auch die Akupunkt-Massage zu rechnen ist) oder mit anderen medizinischen Maßnahmen. Ein Masseur, Krankengymnast oder Physiotherapeut wird also immer nur auf Anweisung eines Arztes oder Heilpraktikers die Akupunkt-Massage anwenden können, da er selbst keine Diagnosen stellen darf. Die Behandlung wird er aber genauso gut wie ein Arzt oder Heilpraktiker durchführen.

Das erste Gespräch

Wenn Sie zum ersten Mal in die Praxis eines APM–Therapeuten kommen, werden Sie vielleicht verwundert sein, wie viel Zeit sich dieser für Sie nimmt. Aber das hat natürlich seinen Grund.

Denn bevor der Therapeut mit der eigentlichen Behandlung beginnen kann, wird er zunächst einmal versuchen, Sie als Patienten in Ihrer Gesamtheit wahrzunehmen. Er wird also ein sehr ausführliches Gespräch mit Ihnen führen. Natürlich fragt er dabei detailliert nach den Beschwerden, die Sie zu ihm geführt haben. Aber darüber hinaus stellt er noch eine ganze Reihe weiterer Fragen, die auf den ersten Blick scheinbar überhaupt nichts mit Ihren eigentlichen Beschwerden zu tun haben. Den Grund dafür kennen Sie inzwischen: Alle Krankheiten und Beschwerden, seien es Kopfschmerzen, Neuralgien oder Rückenschmerzen, können – aus energetischer Sicht betrachtet – auf eine Energiefluss-Störung zurückzuführen sein. Also versucht der APM-Therapeut erst einmal herauszufinden, wo diese Störung liegen könnte und welcher Art sie ist.

Mögliche Fragen an den Patienten

Einen feststehenden Fragenkatalog gibt es für eine APM-Therapie zwar nicht, aber Sie können damit rechnen, dass Ihnen der Therapeut beim ersten Gespräch in etwa folgende Fragen stellt:

- Aufgrund welcher Beschwerden kommen Sie zu mir?
- Wo sind Ihre Beschwerden am stärksten, wohin strahlen sie aus?
- Wie empfinden Sie Ihre Beschwerden (zum Beispiel brennend, stechend, klopfend)?
- Wie stark sind Ihre Beschwerden und inwieweit sind Sie von ihnen in Ihrem Alltag eingeschränkt?
- Wie haben die Beschwerden begonnen? Plötzlich oder langsam?
- Liegt Ihren Beschwerden eine bekannte Ursache zugrunde?
- Wodurch werden Ihre Beschwerden besser oder schlechter (Ruhe, Bewegung, Wärme, Kälte, Druck usw.)?
- Zu welcher Tageszeit treten sie auf?
- Welche weiteren Beschwerden bestehen oder bestanden?
- Welche Unfälle oder Operationen hatten Sie bisher?
- Wie ist Ihr Schlaf? Können Sie gut ein- bzw. durchschlafen? Fühlen Sie sich am Morgen ausgeschlafen?
- Sind Sie sehr wärme- oder kälteempfindlich?
- Sind Sie wetterfühlig?
- Welche Narben haben Sie?
- Welcher Arbeit gehen Sie nach (Schreibtisch-/Computerarbeit oder schwere körperliche Tätigkeit)?
- Bewegen Sie sich regelmäßig?
- Treiben sie Sport? Welchen?
- Wie ist Ihre private Lebenssituation?
- Was tun Sie regelmäßig für sich selbst?
- Sind Ihre Beschwerden klinisch abgeklärt? (Es ist sehr wichtig, dass bestimmte Ursachen, wie etwa Tumoren, ausgeschlossen sind.)

Wichtige Voraussetzungen für die Behandlung

Nun kann der praktische Teil Ihrer Behandlung beginnen. Und an diesem Punkt sollten Sie sich nochmals eine wichtige Tatsache vergegenwärtigen: Eine Akupunkt-Massage wird häufig gar nicht am eigentlichen Ort der Beschwerden, sondern an ganz anderen Körperstellen durchgeführt. Meistens wird nur an einer Körperseite (vorn oder hinten, rechts oder links, oben oder unten), manchmal aber auch am ganzen Körper behandelt. Denn schließlich verlaufen die Meridiane über den ganzen Körper, und deshalb können die Ursachen für Beschwerden auch an einer ganz anderen Stelle im Körper liegen. Außerdem wendet sich die Akupunkt-Massage immer an den gesamten Organismus: ein weiterer Grund dafür, dass unter Umständen sogar da therapiert wird, wo es gar nicht schmerzt.

Vorbereitung und optimales Raumklima

Für eine APM-Behandlung genügt es also keineswegs, dass Sie nur die schmerzende Schulter oder den Rücken freimachen. Sie sollten sich vollständig entkleiden und allen Schmuck ablegen. Besonders Quartzuhren und Piercings, wozu auch Ohrringe zählen, können störend auf den Energiefluss des Körpers wirken. Aber auch Ringe und Halsketten sind bei der Akupunkt-Massage hinderlich und müssen deshalb abgelegt werden.

Nachdem Sie sich ausgezogen haben, legen Sie sich mit dem Rücken auf die Behandlungsliege. Der Therapeut wird Ihnen eine Decke geben und während der Behandlung darauf achten, dass alle Körperteile, an denen er gerade nicht arbeitet, immer sorgfältig abgedeckt sind. Schließlich sollen Sie sich wohl fühlen und entspannen – und das können Sie nicht, wenn Sie frieren.

Eine wichtige Rolle für Ihr Wohlbefinden spielt natürlich auch die richtige Umgebung. Von einem aufmerksamen Therapeuten können Sie zum Beispiel erwarten, dass er immer auf ein wohliges Raumklima achtet. Soweit es ihm möglich ist, wird er deshalb zu verhindern suchen, dass Lärm oder Telefongespräche die Behandlung stören. Der Behandlungsraum sollte, sofern dies einzurichten ist, nicht an einer allzu stark befahrenen Straße liegen und dem Patienten auf alle Fälle eine geschützte Atmosphäre bieten, in der er sich wohl und sicher fühlt. Dass die Fenster und Vorhänge oder Jalousien während der Therapie geschlossen bleiben und der Raum in der kalten Jahreszeit gut geheizt ist, dürfte selbstverständlich sein.

Der energetische Befund

Bisher hat sich der Therapeut trotz seiner ausführlichen Fragen nur einen allgemeinen Eindruck von Ihrem Gesundheitszustand machen können. Jetzt wird er darangehen, sich einen energetischen Befund zu verschaffen. Dazu gehört zum einen das Betrachten, Befühlen und Testen Ihrer gesamten Körperbeweglichkeit, insbesondere der Wirbelsäule.

Zum anderen ist es besonders wichtig, dass der Therapeut nun zu einer zuverlässigen Aussage über den energetischen Fülle- oder Leerezustand Ihres Beschwerdenorts kommt: Ist es ein Zuviel oder ein Zuwenig an Energie, das bei Ihnen die Beschwerden an der betreffenden Körperstelle verursacht? Um diese Frage zu klären, stehen dem Behandler verschiedene Techniken zur Befunderhebung zur Verfügung.

Der Probestrich

Der Probestrich ist eine Befundmaßnahme, die gern bei akuten Beschwerden angewendet wird. Er zeichnet sich dadurch aus, dass er beim Patienten eine sofortige Energieverlagerung bewirkt, die zu einer gewissen Erleichterung oder Verstärkung der Beschwerden führt. Diese Reaktion gibt dem Therapeuten den gewünschten Hinweis, welche Behandlungsmethode er wählen soll.

Wenn Sie zum Beispiel an starken Rückenschmerzen leiden, wird der APM-Therapeut zunächst klären,

- ob der Grund für Ihre Rückenschmerzen ein Energiestau, also ein Zuviel an Energie ist, oder
- ob der Rücken aufgrund der energetischen Blockade zu wenig Energie erhält.

Beides kann exakt die gleichen Schmerzen hervorrufen, muss aber jeweils anders behandelt werden. Fest steht im Augenblick nur, dass Sie eine Energiefluss-Störung im Yang haben (Sie erinnern sich: Der Rücken ist dem Yang zugeordnet!). Mit dem Probestrich, der immer auf dem Konzeptionsgefäß ausgeführt wird, findet der Therapeut nun heraus, ob es sich um einen Fülle- oder Leerezustand im Yang handelt. Dazu zieht er mit dem APM-Stäbchen mehrmals von der Symphyse (Schambeinfuge) zum Nabel und bewirkt so eine Energieverlagerung vom Yang ins Yin.

Haben sich Ihre Beschwerden jetzt gebessert, so ist das ein Hinweis darauf, dass eine Energiefülle im Yang besteht. Da die eigentliche Therapie in der Regel dort erfolgt, wo Energieleere besteht, müssen Sie in diesem Fall bei der anschließenden Behandlung auf Ihrer Körpervorderseite, also im Yin behandelt werden. Man nennt dies eine *Spannungsausgleichmassage ventral (SAM ventral)*. Haben sich Ihre Beschwerden jedoch verstärkt, so kann man von einer Energieleere im Yang ausgehen. Deshalb wird in diesem Fall eine Behandlung auf der Körperrückseite, also im Yang, erfolgen – eine *Spannungsausgleichmassage dorsal (SAM dorsal).*

Ermittlung von Fülle- und Leerezuständen rechts-links

Auch bei der nächsten Möglichkeit handelt es sich um einen Probestrich. Er wird genauso durchgeführt wie der soeben beschriebene, allerdings nicht auf dem Konzeptionsgefäß, sondern auf einem Nebengefäß. Die Nebengefäße verlaufen jeweils rechts und links vom Konzeptions- bzw. vom Gouverneurgefäß in einem Abstand von etwa einem Querfinger. Das linke Nebengefäß versorgt den Energiekreislauf der linken Körperseite und das rechte Nebengefäß den Energiekreislauf der rechten Körperseite.

Mittag und Mitternacht

Die Mittag-Mitternacht-Regel kennen Sie inzwischen (siehe Seite 42). Sie besagt, dass von zwei gegenüberliegenden Meridianen sich jeweils einer im Energiemaximum befindet, während der andere ein Energieminimum aufweist. Ist zum Beispiel der Blasenmeridian im Energiemaximum, so muss sich der Lungenmeridian, der dem Blasenmeridian im Energiekreislauf gegenüberliegt, auf seinem Energietiefststand befinden.

Auch diese Regel eignet sich zur Befunderhebung – aber auch als energetische Erste Hilfe bei Bagatellunfällen im Alltag. Ein plötzlicher Stoß oder Schlag löst als Erstes immer einen Energiefüllezustand an der betreffenden Körperstelle aus. Fällt beispielsweise jemand auf den Hinterkopf, so wird er zunächst einmal einen Füllezustand im Blasenmeridian haben, der unter anderem hier verläuft. Behandelt man jetzt den Lungenmeridian, der auf der Innenseite des Armes liegt, so kann man von dieser Fülle etwas abziehen, sodass sich der Kopfschmerz spontan bessern kann.

Ebenso verfährt der Therapeut, um den energetischen Füllezustand eines Meridians zu ermitteln: Er behandelt den gegenüberliegenden Meridian und beobachtet, wie sich der Zustand des Patienten dabei verändert.

Samt- und Seidestriche

Samt- und Seidestriche geben Auskunft über den Energiezustand eines einzelnen Meridianabschnitts. Bei dieser Befundmethode tastet der Therapeut ganz vorsichtig und mit viel Feingefühl die Haut des Patienten in Energieflussrichtung des Meridians ab. Einen Füllezustand wird er dabei als rau (wie Samt), einen Leerezustand als glatt (wie Seide) wahrnehmen.

Test am Ohr

Eine weitere Möglichkeit zur Befunderhebung besteht in der Untersuchung der Ohrmuschel. Das Ohr ist wie der restliche Körper in ein Yin- und Yang-Gebiet unterteilt. Durch Abtasten der Ohrzonen (mit Hilfe des Massagestäbchens) lassen sich deshalb Rückschlüsse auf die Yin- und Yang-Verteilung im Körper ziehen. Die Befunderhebung am Ohr kann vor allem dann genutzt werden, wenn der Patient zum Zeitpunkt der Untersuchung nicht über übermäßige Beschwerden klagt (der Probestrich würde in diesem Fall wenig aussagen, da er keine eindeutige Reaktion hervorrufen könnte). Der Test am Ohr kann auch zur Absicherung anderer Befunde verwendet werden. Außerdem wird er bei einer Therapie nach den fünf Elementen angewandt: zur Kontrolle, ob sich nach der Behandlung energetisch etwas verändert hat.

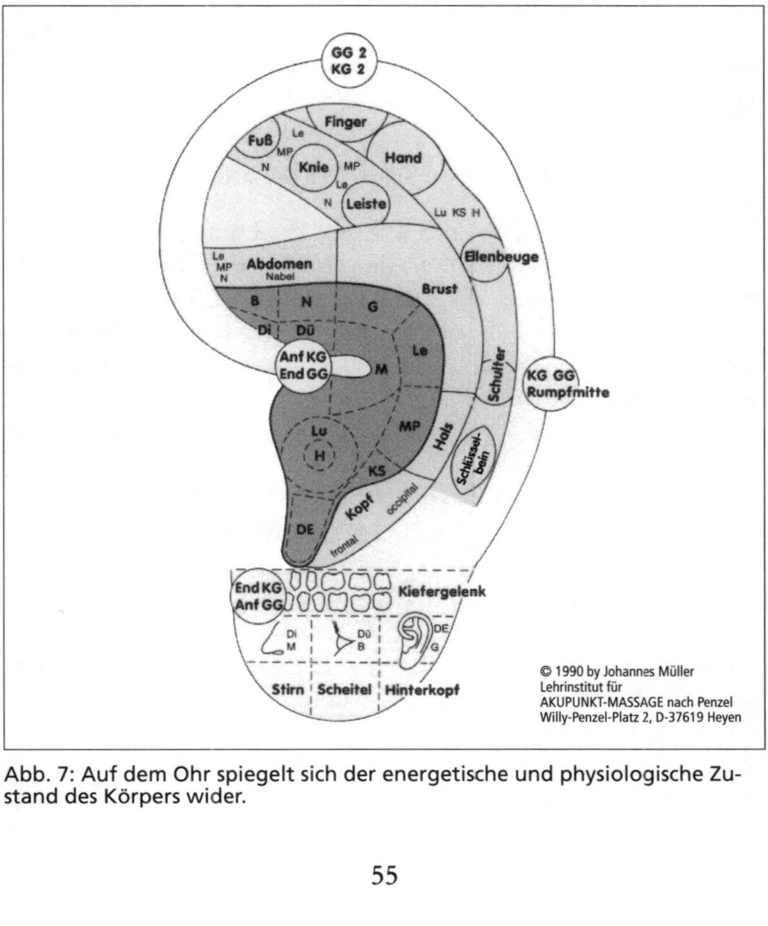

Abb. 7: Auf dem Ohr spiegelt sich der energetische und physiologische Zustand des Körpers wider.

Energetische Striche

Bei dieser Befundmaßnahme geht es darum, den Energiezustand einzelner Körperregionen zu prüfen: der Extremitäten, des Bauches oder des Rückens. Die Striche werden ganz sanft mit der Hand gezogen, sodass die Haut des Patienten gerade noch berührt wird. Je nachdem, ob die energetischen Striche in oder gegen die Energieflussrichtung im Meridian durchgeführt werden, ob sich ein Schmerz dadurch verbessert oder verschlechtert, kann der Behandler Rückschlüsse auf die energetische Versorgung des jeweiligen Körperteils ziehen. Diese Befundmaßnahme eignet sich zum Beispiel sehr gut bei stumpfen Verletzungen: Mittels der energetischen Striche kann man feststellen, ob die daraus resultierende Energiefluss-Störung auf ein bestimmtes Gebiet begrenzt ist oder ob sie an einer anderen Stelle im Körper Störungen verursacht.

Inspektion und Tastbefund

Dadurch wird vor allem die Statik und die Dynamik der Wirbelsäule sowie die Beweglichkeit der einzelnen Gelenke beurteilt. Störungen am Bewegungsapparat können sowohl direkt, also am entsprechenden Wirbelsäulenabschnitt oder Gelenk, Beschwerden verursachen als auch indirekt auf Organe oder Körperfunktionen Einfluss haben.

Energie zum Fließen bringen: Die Therapie beginnt

Wie viele Behandlungstermine?

Erst nach dem relativ zeitaufwändigen Erstbefund – er dauert etwa eine halbe bis eine Stunde – kann die eigentliche Behandlungsserie beginnen. Aus wie vielen Einheiten diese insgesamt besteht, ist von Patient zu Patient sehr verschieden. In der Regel sind es etwa zehn Behandlungstermine. Die genaue Anzahl hängt jedoch von verschiedenen Kriterien ab: welches Beschwerdebild vorliegt, wie lange die Beschwerden schon bestehen und wie der Patient auf die Behandlung anspricht. Nicht zuletzt spielen auch die finanziellen Möglichkeiten des Patienten eine Rolle: Da die Akupunkt-Massage keine kassenübliche Leistung ist, muss der Patient die Behandlung in der Regel aus eigener Tasche bezahlen.

Grundsätzlich gilt: Je länger die Beschwerden eines Patienten schon bestanden haben, desto länger wird es auch dauern, bis durch die APM-Behandlung eine Besserung eintritt. Akute Beschwerden dagegen lassen sich meistens auch schneller wirksam behandeln.

Von der Wurzel zu den Zweigen

Bei einer ganzheitlichen Behandlung wie der Akupunkt-Massage steht grundsätzlich nicht das *Erscheinungsbild*, sondern die *Ursache* einer Krankheit im Vordergrund. Es werden also niemals ausschließlich Symptome behandelt, sondern nach Möglichkeit zuerst einmal die Wurzeln der Krankheit aufgespürt.

Die chinesische Medizin vergleicht Krankheit mit einer Pflanze, die aus sichtbaren Zweigen und unsichtbaren, in der Erde verborgenen Wurzeln besteht. Sobald an den Zweigen eine Krankheit in Erscheinung tritt, wird in den Wurzeln nach deren Ursache gesucht und dementsprechend dort die erste Behandlung angesetzt. Erst nach dieser »Wurzelbehandlung« wird man sich mit den Zweigen beschäftigen und dort immer detaillierter auf Störungen eingehen bzw. auch nach eventuell vorhandenen Störfeldern suchen.

Nach diesem Muster ist auch eine APM-Behandlungsserie aufgebaut: Sie beginnt in der Regel mit einer Spannungsausgleichmassage zur Energieverlagerung oder mit dem so genannten Großen Kreislauf zur Anregung des gesamten Energieflusses.

Mit den besonderen Problemen, wie zum Beispiel Wirbelsäulenbeschwerden, wird man sich erst im späteren Behandlungsverlauf näher befassen.

Zweiteilung des Energiekreislaufs

Die erste Behandlungseinheit nimmt normalerweise etwa eine halbe bis eine Dreiviertelstunde in Anspruch. Jede Behandlung wird eingeleitet durch ein kurzes Gespräch und den so genannten Tagesbefund (zum Beispiel mittels eines Tests am Ohr), der, im Gegensatz zur ausführlichen ersten Befunderhebung, jedoch nur wenige Minuten in Anspruch nimmt. Dann beginnt der Therapeut je nach Befund mit der entsprechenden Behandlung. Er zieht mit dem APM-Stäbchen so oft über die Meridiane, bis sich diese auf der Haut des Patienten als deutliche rote Hautschrift abzeichnen. Dennoch soll die Behandlung auf jeden Fall *angenehm* und *nicht schmerzhaft* sein.

In den meisten Fällen beschließt der Therapeut als erste Behandlungsmaßnahme eine Spannungsausgleichmassage. Auf die-

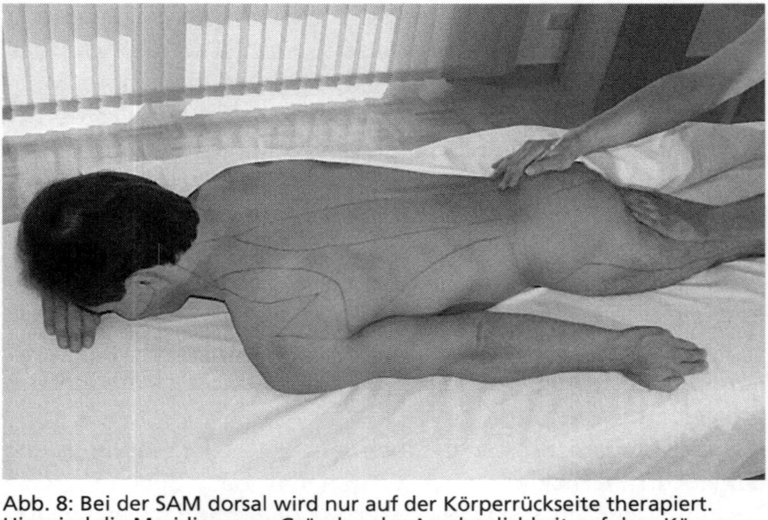

Abb. 8: Bei der SAM dorsal wird nur auf der Körperrückseite therapiert. Hier sind die Meridiane aus Gründen der Anschaulichkeit auf dem Körper mit einem Stift nachgezeichnet.

se Weise wird der Energiekreislauf zweigeteilt: Das heißt, es erfolgt entweder eine Energieverlagerung von der Körpervorderseite nach hinten (SAM dorsal) oder umgekehrt (SAM ventral). Dabei verfährt der Therapeut genau so, wie es bereits bei der Beschreibung des Probestrichs erläutert wurde (siehe Seite 53): Er behandelt den Patienten dort, wo Energieleere besteht, und zieht dadurch überschüssige Energie von vorn nach hinten oder umgekehrt.

Rechts-Links-Verlagerung

Unter gewissen Umständen kann allerdings an Stelle einer SAM dorsal oder ventral eine Energieverlagerung von einer Körperseite zur anderen, die so genannte Rechts-Links-Verlagerung, nötig sein. Hierzu folgendes Beispiel:

Ein Patient klagt über chronischen Schulterschmerz, der sich über die gesamte linke Schulterregion (vorn und hinten) ausbreitet. Chronische Schmerzen treten normalerweise infolge von Energieleere auf. Mit einer SAM ventral könnte man nur im vorderen Teil der Schulter Energie zuführen. Es fehlt aber eben auch Energie im hinteren Schulterbereich. Deshalb wird man in diesem Fall sowohl vorn als auch hinten behandeln, aber nur auf der linken Körperseite. Auf diese Weise wird von der rechten Seite (Energieüberschuss) Energie abgezogen und auf die linke Seite verlagert.

In einzelnen Fällen kann auch eine Energieverlagerung von der oberen in die untere Körperhälfte vorgenommen werden, zum Beispiel bei Kopfschmerzen aufgrund von Energiefülle.

Großer und Kleiner Kreislauf

Anstelle der Spannungsausgleichmassage kann der Therapeut als erste Behandlungsmaßnahme aber auch den so genannten Großen Kreislauf (GKL) wählen. Dazu zieht er mit dem APM-Stäbchen *alle* Meridiane des Körpers, um den *gesamten* Energiefluss anzuregen.

Eine weitere, sehr wichtige Behandlungsmöglichkeit ist der Kleine Kreislauf (KKL). Hier werden üblicherweise nur das Konzeptions- und das Gouverneurgefäß sowie die entsprechenden Übergänge behandelt. Mit dem Kleinen Kreislauf lassen sich auch Energieverlagerungen durchführen; doch dazu eignen sich Maßnahmen wie die Spannungsausgleichmassage weitaus besser. Dagegen ist der eigentliche Sinn und Zweck des Kleinen Kreislaufs, Yin und Yang gleichzeitig zu tonisieren, indem der Energiefluss in beiden Gefäßen verstärkt wird. Der Kleine Kreislauf eignet sich daher besonders für unklare energetische Zustände oder wenn die Energiefluss-Störung genau auf der Körpermittellinie liegt – zum Beispiel bei Stirnhöhlenbeschwerden, bestimmten Arten von Kopfschmerzen, vegetativ bedingten Magen-Darm-Problemen oder Menstruationsbeschwerden.

Die Punktebehandlung

Manchmal wählt der Therapeut als erste Maßnahme jedoch nicht eine der oben beschriebenen Meridianbehandlungen, sondern eine Punktebehandlung. Er massiert also keine Meridiane, sondern nur einzelne Akupunkturpunkte, die so genannten *vorzüglichen Punkte.* Sie bewirken eine Harmonisierung einzelner Meridiane und können sowohl bei Fülle- als auch bei Leerezuständen angewendet werden.

Eine Behandlung mit den vorzüglichen Punkten wird der Therapeut vor allem dann wählen, wenn er eine Energieverlagerung im Sinne einer Spannungsausgleichmassage zunächst einmal vermeiden will. Dies ist in folgenden Fällen angezeigt:

- bei Schwangerschaft in den ersten drei bis vier Monaten,
- bei akuten Krankheitsschüben, wie zum Beispiel Krankheiten des rheumatischen Formenkreises,
- bei einer erwünschten Verbesserung des Allgemeinzustands.

Weitere Punkte, die der Therapeut für eine Behandlung auswählen kann, sind die so genannten *Terminalpunkte* an den Fingern und Zehen. Hier liegen auch die Übergänge von einem Yin- zu einem Yang-Meridian und umgekehrt. Bei den Terminalpunkten handelt es sich zum einen um die Anfangs- und Endpunkte der Meridiane, zum anderen um besonders empfindliche Punkte links und rechts der Nagelwurzel und genau auf der Finger- bzw. Zehenspitze. Die Behandlung dieser Punkte empfinden deshalb viele Patienten ausnahmsweise als sehr unangenehm.

Die Fortsetzung der Therapie

Vorläufig wird der Therapeut die Behandlung, die er als Erstes gewählt hat (also die »Wurzelbehandlung«), über einige Termine hinweg wiederholen. Denn nach der ersten oder zweiten Sitzung kommt es häufig zu starken Reaktionen: Es kann zum Beispiel sein, dass die bestehenden Beschwerden für einige Minuten bis zu einigen Stunden deutlich stärker werden oder dass sich alte, längst vergessene Verletzungen und Narben vorübergehend wieder bemerkbar machen. Aber auch andere Reaktionen wie Kopfschmerzen oder Übelkeit sind möglich.

Der Therapeut wird also Ihre »Wurzelbehandlung« so lange fortsetzen, bis keine neuen Reaktionen mehr auftreten. Erst dann wird er gezielter auf Ihre Beschwerden (die sich inzwischen jedoch deutlich gebessert haben sollten) eingehen. Nachdem der Therapeut Sie inzwischen etwas näher kennt, wird er die aufbauende Therapie noch genauer auf Ihre individuellen Beschwerden und Bedürfnisse zuschneiden können.

Die Behandlung wird jetzt spezifischer und konzentriert sich mitunter auch auf kleinere Körperabschnitte. Nun werden beispielsweise Umläufe, gekoppelte oder einzelne Meridiane oder diverse Akupunkturpunkte behandelt. Die wichtigsten Möglichkeiten sind im Folgenden kurz beschrieben.

Die Arbeit über Umläufe

Wie der Energiestern (siehe Seite 40) zeigt, setzt sich der 24-Stunden-Rhythmus des Energiekreislaufs aus drei Umläufen zusammen. Es handelt sich dabei um jeweils vier Meridiane, die eine energetische Einheit bilden. Die Arbeit über Umläufe besteht nun darin, zwischen diesen Meridiangruppen (Umläufen) einen Energieausgleich herzustellen.

Bei der Behandlung über Umläufe werden neben den entsprechenden Meridianen auch einzelne Akupunkturpunkte (die auf diesen Meridianen liegen) behandelt, und zwar entweder mit dem APM-Stäbchen oder mit einem speziellen Therapiegerät, dem so genannten *Ramses,* der gleichmäßige Vibrationsreize abgibt. Durch diese Vibrationen können auch tiefere Schichten des Körpers erreicht werden.

Abb. 9: Der Ramses gibt Vibrationsreize ab.

Das Orten eines Akupunkturpunkts verlangt dem APM-Therapeuten in der Regel sehr viel Aufmerksamkeit und Gespür ab: Der Therapeut spannt dazu die Haut im Suchgebiet mit beiden Händen, danach fährt er mit dem linken Daumennagel einige Male darüber, bis sich der Akupunkturpunkt als feines Körnchen (etwa vergleichbar mit einem Grießkorn) ertasten lässt.

Dann wird die Spitze des Therapiegeräts ein- oder mehrmals über den Punkt hinweggeführt, bis sich beim Patienten das so genannte Qi-Gefühl einstellt: Dabei handelt es sich meist um ein deutliches Stichgefühl, fast so, als würde man an dieser Stelle eine Nadel ansetzen. Dieses Gefühl bestätigt dem Therapeuten nicht nur die genaue Lage des Akupunkturpunkts, sondern gibt auch Aufschluss über den energetischen Füllezustand dieses Punkts: Bei Energieüberschuss wird sich das Qi-Gefühl eventuell schon beim einmaligen Überstreichen mit der Therapiespitze einstellen. Bei Energieleere dagegen bleibt das Qi-Gefühl vorerst aus. In diesem Fall muss der Akupunkturpunkt mit dem Ramses erst einmal tonisiert werden, bis ein entsprechendes Qi-Gefühl entsteht.

Der Regenwurm-Effekt

Anstelle von Meridiangruppen kann in diesem Therapieabschnitt auch die Behandlung einzelner Meridiane erfolgen. Denn ein energetisches Ungleichgewicht kann selbstverständlich auch innerhalb eines einzelnen Meridians auftreten: Wenn sich Energie in bestimmten Bereichen eines Meridians verdichtet, sind andere Abschnitte desselben Meridians notwendigerweise energetisch unterversorgt. Willy Penzel bezeichnete dieses Phänomen als Regenwurm-Effekt. Der Vergleich ist treffend, wenn man daran denkt, wie sich ein Regenwurm fortbewegt: Er zieht einen Abschnitt seines Körpers zusammen (wird an dieser Stelle kürzer und dicker) und streckt sich gleichzeitig über die anderen Abschnitte (wird lang und dünn).

Der Regenwurm-Effekt kann zum Beispiel auftreten, wenn einzelne Körperteile besonders stark beansprucht werden: Dann verdichtet sich die Energie im entsprechenden Abschnitt eines Meridians. Man muss sich nur vergegenwärtigen, dass die Meridiane ja immer über mehrere Körperbereiche hinwegziehen. Der Blasenmeridian beispielsweise verläuft buchstäblich von Kopf bis Fuß. Bei angestrengter geistiger Tätigkeit wird deshalb der Meridianbereich am Kopf stärker energetisch versorgt werden, während beim Joggen die entsprechenden Abschnitte am Bein mehr Energie erhalten.

Normalerweise wird sich die Energieverteilung innerhalb der Meridiane nach einer solchen Beanspruchung von selbst wieder einpendeln. Bei lang anhaltender (Über-)Beanspruchung oder bei einer Verletzung kann es jedoch zu einer Energiefluss-Störung kommen, die eine entsprechende Behandlung erforderlich macht: In diesem Fall setzt der APM-Therapeut das Stäbchen hinter dem vollen Meridianabschnitt an und zieht es – in Energieflussrichtung – über den weiteren Verlauf des Meridians. Auf diese Weise leitet er überschüssige Energie in unterversorgte Meridianabschnitte ab. Aus der negativen Erscheinung des Regenwurm-Effekts wird auf diese Weise therapeutischer Nutzen gezogen.

Unter der Voraussetzung, dass ein APM-Therapeut in der Nähe ist, wird der (therapeutische) Regenwurm-Effekt gern als Erste-Hilfe-Maßnahme eingesetzt. Nach einem Stoß oder Schlag entsteht an der getroffenen Stelle die erwähnte Energiefülle (sichtbar als Rötung und Schwellung), die man mit dem »Regenwurm« abziehen kann. Es ist sogar möglich, dabei eine Blutung zu stillen: Bei einem APM-Kurs in Heyen beispielsweise stolperte ein Teilnehmer auf der Treppe und stürzte. Er hatte eine Wasserflasche in der Hand, die bei dem Sturz zerbrach, und zog sich eine böse Schnittverletzung an der Hand zu. Einer der Assistenten setzte den Regenwurm ein und brachte die Blutung rasch zum Stillstand (natürlich musste die Wunde anschließend noch ärztlich versorgt und genäht werden).

Therapie nach den Regeln der Fünf-Elemente-Lehre

Auch die Lehre von den fünf Elementen, die schon beschrieben wurde (siehe Seite 35 ff.), findet in der APM-Praxis Anwendung. Jedem der fünf Elemente ist, wie schon erläutert, ein Yin- und ein Yang-Meridian zugeordnet (dem Element Feuer zwei Yin- und zwei Yang-Meridiane). Aber auch auf den einzelnen Meridianen lassen sich alle fünf Elemente wieder finden – in Form einzelner Akupunkturpunkte. Somit beherbergen der Leber- und der Gallenblasenmeridian, die beide dem Holz-Element angehören, nicht nur je einen speziellen Holzpunkt, sondern auch jeweils einen Punkt für jedes andere Element: einen Feuer-, einen Erd-, einen Metall- und einen Wasserpunkt.

Je nach individuellem Befund lassen sich mit diesen Elementpunkten Meridiane, die einem anderen Element angehören, sehr wirkungsvoll beeinflussen. Zuweilen kommt es aber auch innerhalb eines Elementes zu einem energetischen Ungleichgewicht. In diesem Fall kann man mit dem so genannten *Lo-Punkt* Energie von Yang ins Yin verlagern oder umgekehrt. Der Lo-Punkt ist quasi ein energetischer Durchgangspunkt innerhalb eines Elementes.

Mit dem Behandeln der Elementpunkte kann der Therapeut sehr spezifisch auf Energiefluss-Störungen Einfluss nehmen. Obschon zur Therapie aller Arten von Energiefluss-Störungen geeignet, kann man vor allem funktionelle Störungen von Organen gut damit behandeln, zum Beispiel nervöse Magen-Darm-Beschwerden.

Yin-Striche

Es gibt Patienten, die schon beim Betreten der Praxis eine gewisse Unruhe verbreiten: Sie müssten eigentlich schon beim übernächsten Termin sein und haben außer zu ihrer Arbeit zu nichts anderem Zeit. Und wenn doch, füllen sie ihre Freizeit mit allerlei Aktivitäten, um nur ja nicht zur Ruhe zu kommen. Dabei hätten sie gerade diese so dringend nötig.

Meist leiden solche Patienten sehr unter ihrer inneren Unruhe und ständigen Anspannung, zumal häufig auch noch Schlaflosigkeit hinzukommt. Bei ihnen ist das Gleichgewicht zwischen Yin und Yang gestört; sie befinden sich zu sehr im Yang. Um dieses Ungleichgewicht zu kompensieren, wird der Therapeut nur im Yin-Gebiet, also auf der Körpervorderseite, arbeiten und ausnahmsweise auf die Benutzung des APM-Stäbchens verzichten. Er streicht mit der flachen Hand ruhig und gleichmäßig die Yin-Meridiane entlang, bis er merkt, dass der Patient innerlich zur Ruhe kommt. Meist wird er die Behandlung auch verbal begleiten, ähnlich wie beim autogenen Training.

Anschließend ruht der Patient mindestens eine halbe Stunde. Das ist in diesem Fall besonders wichtig, weil er dabei den natürlichen Atembewegungen seines Körpers bewusst nachspüren soll (Näheres zum Thema Nachruhe auf Seite 72).

Die Entstörung von Narben

An einer Frage werden Sie während Ihrer Behandlungsserie garantiert nicht vorbeikommen: Welche Narben haben Sie? Vielleicht versuchen Sie jetzt, sich an all die kleinen und großen Blessuren und an die Operationen zu erinnern, die Ihnen Ihre diversen Narben eingebracht haben. Mit großer Wahrscheinlichkeit werden Sie dabei aber die eine oder andere Narbe vergessen oder sie überhaupt nicht als solche zur Kenntnis nehmen.

Welche Narben haben Sie?

Machen wir einen Versuch: Notieren Sie gewissenhaft alle Narben, an die Sie sich erinnern und die Sie an Ihrem Körper feststellen können. Überprüfen Sie noch einmal, ob Sie wirklich alles aufgeschrieben haben, und stellen Sie auch folgende Überlegungen an:

- Bestimmt sind Ihnen die meisten Schnittwunden, (Sport-) Verletzungen und gegebenenfalls auch Frakturen noch in Erinnerung, die Sie sich im Laufe Ihres Lebens zugezogen haben. Haben Sie auch die kleinen Haushalts- und Heimwerkerunfälle nicht vergessen oder die berühmten Lausbubennarben, die meistens im Gesicht oder an den Knien sitzen?
- Wie sieht es mit Kopfverletzungen aus? Vielleicht erinnern Sie sich heute nicht mehr an die klaffende Wunde, die einst im Krankenhaus genäht werden musste, weil die Narbe am Kopf von Ihrem Haar überdeckt ist.
- Die Operationen, denen Sie sich bisher unterziehen mussten, sind Ihnen dagegen sicher in lebhafter Erinnerung geblieben.

Zählen Sie aber nicht nur die Operationsnarben, die Sie auf Ihrem Körper sehen können (zum Beispiel von einer Blinddarm-, Gallen- oder Magenoperation). Auch Mandeloperationen und Zahnextraktionen hinterlassen Narben, die berücksichtigt werden müssen.

- Außerdem sollten Sie noch daran denken, dass auch chirurgische Eingriffe wie Pelviskopie (Beckenspiegelung) oder Laparoskopie (Bauchspiegelung) Narben hinterlassen. Besonders gravierend können sich Verwachsungen im Bauchraum nach einer Bauchspiegelung bemerkbar machen.
- Haben Sie sich um Ihres guten Aussehens willen ein paar Extranarben geleistet? Denken Sie an mögliche Schönheitsoperationen, die Sie hatten. Und vergessen Sie vor allem nicht Ihre diversen Piercingnarben, angefangen bei den Löchern im Ohrläppchen.
- Falls Sie als Kind geimpft wurden, sollten Sie auch die Impfnarben auf Ihrem Oberarm mit in Betracht ziehen.

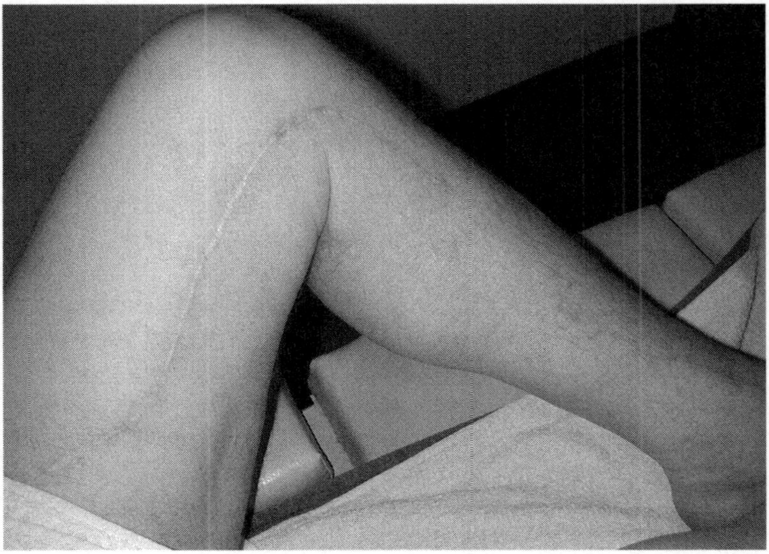

Abb. 10: Diese Narbe stört den Energiefluss erheblich: Sie verläuft genau entlang des Milz-Pankreas-Meridians.

Sie sehen also: Es gibt eine ganze Reihe von Narben, die wir kaum oder gar nicht zur Kenntnis nehmen. Trotzdem können auch sie unseren Gesundheitszustand beeinträchtigen.

Zumindest ein Teil der Narben, die Sie haben, wird sich vermutlich irgendwann störend bemerkbar machen: Plötzlich treten an der schwächsten Stelle im Körper Krankheiten oder Schmerzen auf. Es kann durchaus sein, dass Sie viele Jahre überhaupt nichts bemerken, und mit einem Mal gerät Ihr Organismus völlig aus dem Gleichgewicht. Auch chronische Beschwerden können die Folge sein. Die eigentliche Ursache herauszufinden kann für einen Therapeuten dann sehr schwierig sein, wenn er nicht von vornherein an den Störfaktor Narben denkt.

Wie sehen Ihre Narben aus?

Der Therapeut wird die verschiedenen Narben, die er feststellen bzw. von Ihnen erfragen konnte, erst einmal sorgfältig in Augenschein nehmen. Wie sieht die einzelne Narbe aus, ist sie groß oder klein, zeigt sie farbliche Veränderungen, hebt sie sich wulstig von der umgebenden Hautoberfläche ab oder ist sie eingezogen? Wie fühlt sich das Narbengewebe an, wenn man (zum Beispiel mit dem Finger oder dem APM-Stäbchen) darüber fährt – reagieren Sie überempfindlich, weil die Berührung schmerzt oder zumindest unangenehm ist, oder ist die Narbe eher taub und gefühllos? Spüren Sie die Narbe manchmal im Alltag, zum Beispiel wenn das Wetter umschlägt?

Am meisten wird sich Ihr Therapeut dafür interessieren, wo Ihre Narben liegen und wie sie verlaufen. Denn Narben wirken sich besonders dann störend aus, wenn sie auf einem oder vielleicht sogar auf mehreren Meridianen liegen. Aus diesem Grund kann selbst das winzige Loch im Ohrläppchen unter Umständen merkbare Folgen haben. Und was die Impfnarben auf dem Oberarm betrifft: Zuweilen wird ein Zusammenhang zwischen diesen Narben und plötzlich auftretenden Ohrgeräuschen (Tinnitus) vermutet. Dies ist deshalb nahe liegend, weil die Impfnarben oft auf dem Dreifach-Erwärmer-Meridian liegen, der im weiteren Verlauf unmittelbar zum Ohr führt. Es spielt dabei keine Rolle, wie viele Jahre zwischen der Impfung und dem Auftreten der Ohrgeräusche liegen.

Den Energieausgleich herstellen

Nach dieser sorgfältigen Untersuchung geht der APM-Therapeut schließlich daran, die Narben zu entstören. Dafür stehen ihm verschiedene Instrumente zur Verfügung: das APM-Stäbchen, der Ramses (Vibrationsgerät) oder ein Elektrotherapiegerät namens *Cheops,* das Willy Penzel ebenfalls selbst entwickelt hat.

Mit dem Ramses werden bestimmte Akupunkturpunkte im Bereich der Narbe stimuliert, um der Narbe Energie zuzuführen (bei Energieleere) oder um Energie abzuleiten (bei Energiefülle). Zu diesem Zweck lässt sich anstelle des Ramses auch das APM-Stäbchen verwenden.

Mit dem Cheops setzt der Therapeut die Narbe und ihr gesamtes Umfeld unter schwachen Strom (das ist für den Patienten nicht schmerzhaft). An einer Skala kann er ablesen, wie lange es dauert, bis die energetische Blockade, die durch die Narbe verursacht wurde, aufgelöst ist.

Schwierig wird die Narbenentstörung allerdings, wenn die Narben innerhalb des Körpers liegen und von außen nicht oder nur schwer an sie heranzukommen ist. In solchen Fällen wird der Therapeut dem Patienten unter Umständen eine neuraltherapeutische Behandlung[3] empfehlen – bei Zahnextraktionen zum Beispiel durch den Zahnarzt. Auf jeden Fall aber wird er, wenn er schon nicht unmittelbar Einfluss auf die Narbe nehmen kann, die Folgebeschwerden durch Energieausgleich therapieren – beispielsweise Probleme der Halswirbelsäule, die häufig nach einer Mandeloperation auftreten.

3 Die Neuraltherapie wurde 1925 von den Brüdern Ferdinand und Walter Huneke begründet: Sie entdeckten, dass sich Lokalanästhetika außer zur örtlichen Betäubung auch zur Therapie einsetzen lassen. Störfelder wie Narben werden bei dieser Methode durch Injektion von Neuraltherapeutika behandelt.

Aus der Praxis eines APM-Therapeuten

Der Olchinger Heilpraktiker Richard Ebert befasst sich seit vielen Jahren mit dem besonderen Aspekt der Narben als Ursache von Krankheiten. Nach langer Praxiserfahrung hat er zusammen mit der in Bad Wörishofen praktizierenden Krankengymnastin Gisela Hoffmann ein Buch darüber verfasst, in dem zahlreiche interessante Praxisbeispiele geschildert werden. Eines davon sei hier – mit freundlicher Genehmigung des Autors und Verlags – wiedergegeben. Dieses Beispiel wurde nicht nur deshalb ausgewählt, weil es einen beeindruckenden Therapieerfolg schildert, sondern auch, weil es nebenbei einiges von dem bestätigt, was im Folgenden über die Persönlichkeit und Kompetenz eines guten Therapeuten zu lesen sein wird.

»Ein Geschäftsmann, 50 Jahre, unter enormem Leistungsdruck stehend, litt seit einem Jahr unter Bronchialasthma. Klinische Diagnosen und Untersuchungen bei Spezialisten ließen keine Ursache erkennen. Der Patient bekam vom Arzt Cortison-Spray, das Anfälle unterdrückt, aber keine Heilung bringt. Von mir eingesetzte Homöopathica brachten eine leichte Besserung, verlängerten die Intervalle, konnten jedoch die Anfälle nicht stoppen. So entschied ich mich zu einer energetischen Behandlung. Die energetische Leere im Brustbereich wurde durch eine Tonisierung (Energieaufladung) der Yin-Meridiane behoben. Allmählich vergrößerten sich die Abstände zwischen den Anfällen, das Spray mußte weniger oft genommen werden. Als ›Medizin‹ bekam der Patient die Aufgabe, bei den ersten Anzeichen eines Anfalls sofort die Yin-Meridiane am Handgelenk kräftig zu massieren. Dadurch gelang es ihm, die Anfälle teilweise zu unterdrücken. Das stärkte seine Sicherheit und sein Vertrauen in die Behandlung, denn zu Beginn der Therapie stand er meiner energetischen Arbeit mit Skepsis gegenüber. Eine handfeste manuelle Therapie wäre seinem Verständnis näher gekommen. Durch einen ›Kunstfehler‹ meinerseits war es mir dann auch gelungen, den Patienten vollends von der Energetik zu überzeugen und aus dem Saulus einen Paulus zu machen. Was war passiert?

Der Mann kam eines Tages mit heftigen Rückenschmerzen in die Praxis, und da seine Rückenmuskulatur sehr verspannt war, setzte ich die bewährten Schröpfköpfe. Nach zehn Minuten begann er sich zu räuspern und zu husten, und sofort wurde mir klar, daß ich mit dieser massiven Energieverlagerung vom Yin ins Yang einen Anfall provoziert hatte. Ich entfernte sofort die Schröpfgläser, massierte kräftig das Konzeptionsgefäß und den Nierenmeridian, setzte so im Brustbereich einen Energie-See (energetische Aufladung), und die Folge war, daß der Anfall sofort aufhörte. Nicht nur für den Patienten, sondern auch für mich war diese Erfahrung sehr aufschlußreich, denn sie lehrte mich, bei jeder Therapie energetische Gesichtspunkte zu berücksichtigen. Und abermals wurde mir klar, welche Möglichkeiten dem Energetiker an die Hand gegeben sind.
Zwei Narben, eine Blinddarmnarbe und eine längliche, quer laufende Narbe am linken Oberschenkel, wurden mitbehandelt. Beide Narben, die jeweils den Leber- und Milz-Pankreas-Meridian durchtrennten, waren mitverantwortlich für die energetische Leere im Brustbereich. Die Behandlung wurde einige Monate durchgezogen. Der Patient hatte seither keine Anfälle mehr und kann seinen Verpflichtungen ungestört nachkommen.
Es ist höchst bedauerlich, daß das organbezogene Denken der westlichen Mediziner die eigentliche Ursache nicht erkennt und so dem Patienten oft lebenslange Beschwerden zumutet. Was in der Elektronik schon längst vollzogen ist, nämlich eine Betrachtungsweise in energetischen Kreisläufen, ist im westlichen medizinischen Denken noch meilenweit von seiner Verwirklichung entfernt.«[4]

4 Hoffmann, Gisela, und Richard Ebert: *Krank durch Narben – Gesund durch Narbenentstörung und Energieausgleich,* Bietigheim 1993, S. 80–81.

Zeit zum Ausruhen

Kehren wir nun zurück zum Behandlungsablauf. Ganz gleich, in welchem Abschnitt Ihrer Behandlungsserie Sie sich gerade befinden, am Schluss einer jeden Therapieeinheit steht immer ein letzter wichtiger Punkt. Wenn die Behandlung zu Ende ist, werden Sie nicht einfach aufstehen, Ihre Kleider anziehen und gehen: Fast genauso wichtig wie die Behandlung selbst ist eine mindestens 30 Minuten dauernde Nachruhe, weil der gesamte Energiefluss in den Meridianen angeregt wurde und die Energie des Körpers sich nach der Energieverlagerung gleichsam wieder einpendeln muss. Dazu werden Sie bequem gelagert und mit warmen Decken zugedeckt, damit keine Körperwärme verloren geht.

Wie bereits erwähnt, können gerade die ersten Behandlungen beim Patienten merkliche Reaktionen auslösen. Nach ungefähr 48 Stunden lassen sie jedoch wieder nach. Es ist für den Therapeuten sehr wichtig, über diese Reaktionen informiert zu werden (siehe dazu auch Seite 74 ff.).

Was einen guten APM-Therapeuten ausmacht

Den Energiefluss spüren

Bisher war schon einige Male von Intuition, Gespür oder Feingefühl des APM-Therapeuten die Rede. Zur Illustration, was genau eigentlich damit gemeint ist, sei noch einmal das Beispiel Willy Penzel angeführt.

Er war zweifellos ein genialer Autodidakt; trotzdem hätte diese Begabung allein nicht ausgereicht, um eine Therapie wie die Akupunkt-Massage zu entwickeln. Was ihn jedoch ebenfalls auszeichnete, war ein großes Maß an Feingespür und Intuition. Er konnte gleichsam »erfühlen«, ob in einem Meridian die Energie gleichmäßig floss oder nicht, und seine Therapie entsprechend ständig weiterentwickeln und verfeinern. Auch die Maßnahmen zur Befunderhebung, die er entwickelte, setzen solche besonderen Fähigkeiten voraus: Seien es nun die Samt- und Seidestriche oder die energetischen Striche – solche Maßnahmen verlangen Intuition und im wahrsten Sinne des Wortes Fingerspitzengefühl.

Auf den Patienten eingehen

Ein guter APM-Therapeut muss also eine ganze Reihe von Voraussetzungen erfüllen. Es ist bei weitem nicht damit getan, dass er nur die Techniken perfekt beherrscht, die zur Akupunkt-Massage gehören. Er muss auch ein gewisses Maß an Aufmerksamkeit und Einfühlungsvermögen mitbringen. Schließlich hat er keinen Gegenstand vor sich, den es zu reparieren gilt, sondern einen Menschen, der das Recht auf eine sorgfältige Behandlung hat.

Der Therapeut sollte folglich in der Lage sein, die körperlich-geistig-seelische Verfassung des Patienten wahrzunehmen. So wird es ihm im Laufe der Zeit auch immer besser gelingen zu spüren, was der Patient an therapeutischen Maßnahmen im Augenblick innerlich zulässt und was nicht, was ihm gut tut und was ihm eher unangenehm ist. Das kann der Therapeut jedoch nur, wenn er innerlich bei der Sache ist und seine Gedanken nicht abschweifen lässt, wenn er seine privaten Probleme und Sorgen nicht mit in die Behandlung hineinträgt, sondern sich davon frei macht.

Ein verantwortungsvoller APM-Therapeut wird es sich und dem Patienten auch ehrlich eingestehen, wenn er an seine Grenzen stößt und nicht mehr weiterweiß. Wenn bei einem Patienten im Lauf einer Behandlungsserie keine Besserung eintritt, muss der Therapeut das zur Kenntnis nehmen und entsprechend darauf reagieren. Vernünftigerweise wird er in einem solchen Fall die Therapie abbrechen und gemeinsam mit dem Patienten überlegen, ob eine erneute Diagnose durch den Arzt oder Heilpraktiker erforderlich ist und ob eine andere Behandlung möglicherweise besser geeignet wäre.

Kapitel 4
Was der Patient selbst tun kann

Wenn bisher der Eindruck entstanden ist, dass die Akupunkt-Massage eine Therapie ist, bei der der Patient selbst fast gar nichts tun kann, dann trifft das nur teilweise zu. Natürlich soll man während der Behandlung loslassen und entspannen können und die Arbeit ganz dem Therapeuten überlassen. Trotzdem spielen Sie als Patient auch eine wichtige *aktive* Rolle.

Schon beim ersten Behandlungstermin ist Ihre Mitarbeit gefragt: Bevor der Therapeut mit den Anwendungen beginnen kann, braucht er von Ihnen genaue und ausführliche Informationen, um die richtige Behandlungsstrategie zu wählen. Je mehr er von Ihnen weiß, desto besser kann er auch auf Sie eingehen. Sie sollten also versuchen, so gut wie möglich alle Fragen zu beantworten und Ihre Beschwerden möglichst detailliert zu schildern.

Reaktionen beobachten

Auch nach der Behandlung ist Ihre Aufmerksamkeit gefordert. Denn vor allem im Anschluss an die erste Therapieeinheit (oft auch noch nach den darauf folgenden) können sich unterschiedliche Körperreaktionen einstellen. Sie sollten diese Reaktionen genau beobachten und Ihrem Therapeuten mitteilen, was sich seit der ersten Behandlung verändert hat.

Natürlich reagieren nicht alle Patienten gleich. Manche spüren kaum etwas, andere reagieren sehr heftig und auf den ersten Blick nicht einmal positiv: Denn die Beschwerden, deretwegen der Patient zur Behandlung gekommen ist, können sich vorübergehend sogar noch verstärken. Aber auch andere Reaktionen kommen vor – zum Beispiel können Kopfschmerzen, Schüttelfrost und sogar leichtes Fieber auftreten. Manchmal melden sich auch längst vergessene Krankheiten oder Verletzungen zurück. Oder eine unterdrückte Erkältung kommt gerade jetzt voll zum Ausbruch. Diese Reaktionen treten gewöhnlich innerhalb der ersten 48 Stunden nach der Behandlung auf. Man wird deshalb immer mindestens einen Tag zwischen zwei Behandlungsterminen verstreichen lassen, damit der Körper genügend Zeit hat, zu reagieren und sich selbst zu regulieren.

Es ist wichtig, sich zwischen den einzelnen Behandlungen genau zu beobachten und den Therapeuten über Reaktionen zu informieren. Er wird Sie zu Beginn einer jeden Behandlung gezielt danach fragen, um die weiteren Anwendungen individuell auf Sie abstimmen zu können.

Der Ebbe-Flut-Effekt

Die oben genannten oder auch andere Reaktionen treten im Anschluss an eine Spannungsausgleichmassage in besonderer Art und Weise auf: Sie sind zunächst sehr deutlich, schwächen sich dann ab und verstärken sich erneut – ein Rhythmus, der sich fortsetzt, bis die Reaktionen allmählich abklingen. Dieses Phänomen, das von zehn Minuten bis zu mehreren Stunden andauern kann, nennt man den Ebbe-Flut-Effekt.

Die Ursache für diese Erscheinung ist leicht zu erklären: Eine Spannungsausgleichmassage bewirkt eine massive Energieverlagerung im Körper. Bei einer SAM dorsal zum Beispiel wird die Energie von der Körpervorderseite zur Körperrückseite verlagert. Da das Meridiansystem einen geschlossenen Kreislauf bildet, fließt die Energie jedoch gleich einer Welle wieder zur Körpervorderseite zurück. Weil aber der Rücken durch die Akupunkt-Massage tonisiert wurde, wird er sich seinerseits wiederum so viel Energie wie möglich von der Körpervorderseite zurückholen. Ähnlich wie bei Ebbe und Flut, bei denen das Wasser steigt und fällt, verhält es sich in unserem Körper mit der Energie.

Der Ebbe-Flut-Effekt als Begleiterscheinung ist also keineswegs bedenklich, sondern ein Zeichen dafür, dass der Körper auf die Spannungsausgleichmassage anspricht. Außerdem gibt er Hinweise auf tiefer liegende oder zugrunde liegende Störungen.

»Nebenwirkungen« erwünscht

Ganz allgemein kann man sagen, dass die Akupunkt-Massage, sofern sie richtig ausgeführt wird, keinerlei negative Nebenwirkungen hat. Selbst die oben erwähnten Reaktionen sind, auch wenn sie mitunter etwas unangenehm sein mögen, ein gutes Zeichen.

Dabei sollte auch nicht vergessen werden, dass es sich bei der Akupunkt-Massage um eine *ganzheitliche* Methode handelt. Zugegeben, dieser Begriff wurde in den letzten Jahren etwas überstrapaziert. In unserem Zusammenhang aber trifft er voll und ganz zu. Die Meridiane verlaufen nun einmal über den ganzen Körper. Und ein gesunder Energiekreislauf wirkt sich nicht nur positiv auf die gesamte körperliche Konstitution, sondern auch auf geistig-seelische Befindlichkeiten aus.

Es kann deshalb vorkommen, dass durch die Meridianmassage auf einmal selbst Beschwerden Linderung erfahren, von denen Sie Ihrem Therapeuten noch nicht erzählt haben. Viele Patienten berichten, dass sich ihr Allgemeinbefinden deutlich bessert. Die einen können plötzlich besser schlafen, andere fühlen sich insgesamt ruhiger, ausgeglichener, leistungsfähiger und geistig frischer. Auch ein stabiler Kreislauf und eine gesunde Verdauung können positive Begleiterscheinungen einer APM-Therapie sein. Selbst starke Stimmungsschwankungen, unter denen viele Menschen leiden, lassen durch die Meridianbehandlung häufig nach.

Eine entsprechende Erfahrung hat ein Patient im folgenden Brief geschildert:

»Nach sieben Knie- bzw. Unterschenkeloperationen bekam ich im Krankenhaus den Tipp, einen Heilpraktiker zu konsultieren, weil kein Ende der Beschwerden abzusehen war. Mitte März 1999 rief ich bei Frau Schneider an und schilderte ihr mein Prob-

lem, worauf sie sich zwei Wochen Zeit zum Informieren erbat. Dann begann die Behandlung. Frau Schneider schlug vor, je zweimal wöchentlich der Überwärmung/Entzündung im Unterschenkel sowie übermäßiger Narben- und Knochensubstanzbildung mit einer Kombination aus Akupunktur und Akupunkt-Massage zu begegnen. Insgesamt erfolgten mehr als ein Dutzend Behandlungen.
Mein subjektiver Eindruck: Schon während der Behandlung stellte sich ein wohlig-ausgeglichenes Gefühl ein, zugleich prickelnd und belebend. (Ich könnte mir das auch nach großer Anstrengung zum Beispiel im Sport gut vorstellen.) Die geschilderten Empfindungen steigerten sowohl das körperliche als auch das seelische Wohlbefinden – ein Eindruck totaler Entspannung, der durch die anschließende Ruhephase, bei der ich manchmal sogar einschlief, ergänzt und verstärkt wurde. Als Dauer- oder Langzeiteffekt verbesserte sich der Zustand des Beines in punkto Beweglichkeit und Kraftentwicklung, sodass bis jetzt keine weiteren medizinischen Behandlungen notwendig wurden. Zusätzlich habe ich das Gefühl, dass meine Erkältungsanfälligkeit seitdem zurückgegangen ist. Nach den aufgetretenen positiven Effekten wurde nach einem Jahr die Behandlung mit ähnlichem Erfolg wiederholt.«

Über die erwähnte nachlassende Erkältungsanfälligkeit hinaus ist noch folgende Begleiterscheinung anzumerken: Der Patient fuhr seit Jahren täglich etwa zehn Kilometer mit dem Fahrrad zur Arbeit. Kälte und Regen machten ihm dabei nichts aus. Nur unter dem Blütenstaub von Bäumen und Gräsern litt er im Frühling und Sommer so stark, dass er ohne Cortison kaum das Haus verlassen konnte. Nun hatten wir gerade April/Mai, als er in meiner Praxis mit Akupunkt-Massage behandelt wurde: die Zeit starken Pollenflugs. Nach ungefähr zehn Anwendungen bemerkte der Patient, dass sich nicht nur sein Knie deutlich gebessert hatte, sondern dass in diesem Frühjahr auch seine üblichen Heuschnupfen- und Asthmaanfälle ausblieben. Vermutlich war nach der Behandlung sein Energiehaushalt derart ausgeglichen, dass sein Körper nicht mehr allergisch reagierte.

Unterstützende Selbstbehandlung

Es gibt eine ganze Reihe von Möglichkeiten, eine APM-Behandlung zu Hause selbst weiterzuführen und dadurch wirksam zu unterstützen; alle Selbstbehandlungsmaßnahmen sollten allerdings sorgfältig mit dem Therapeuten abgesprochen sein.

Im Laufe einer Behandlung wird Ihnen der Therapeut zum Beispiel die eine oder andere »Hausaufgabe« in Form einer Übung aufgeben. Sie sollten sich auf jeden Fall an seine Anweisungen halten und die Übung regelmäßig machen – denn ohne das wird der Behandlungserfolg vermutlich geringer sein oder zumindest nicht so lange anhalten.

Narben regelmäßig eincremen

Ein richtig ausgeführtes, massierendes Eincremen von Narben kann eine APM-Behandlung sinnvoll unterstützen. Sie können dafür beliebige Massageöle oder -cremes verwenden oder auch die APM-Creme, die Sie von Ihrem Therapeuten erhalten. Es handelt sich hierbei tatsächlich um eine Creme und nicht um eine Heilsalbe. Sie setzt sich aus einer Fettgrundlage und Elektrolyten, vor allem Magnesium, zusammen. Da sie keine Farb- und Duftstoffe enthält, ist sie auch für Allergiker verträglich. Sie verteilt sich gut und zieht nach einigen Minuten vollständig in die Haut ein. In meiner Praxis arbeite ich seit zehn Jahren mit dieser Creme. Bisher hatte ich nur zwei Patienten, die mit Hautrötungen, Brennen und Juckreiz reagierten. Obgleich negative Reaktionen also extrem selten sind, empfehle ich seither immer, die Creme zuerst einmal auf einer kleinen Hautfläche zu testen.

Durch eine Narbe ist der Energiefluss oft in einem oder mehreren Meridianen unterbrochen. Mittels sanfter Massage können diese unterbrochenen Bereiche überbrückt werden. Am besten lassen Sie sich erst einmal vom Therapeuten die genaue Vorgehensweise erklären. Je nachdem, ob eine Narbe im Yin- oder im Yang-Gebiet liegt, ob sie eine Energiefülle oder eher eine Energieleere aufweist, sollte man die Narbe in eine bestimmte Richtung eincremen.

Bei einer frischen Narbe können Sie nach etwa drei bis vier Wochen mit der Anwendung beginnen und sie über mehrere Wochen fortsetzen. Nach einer Operation ist der Bereich der Narbe oft sehr kalt; er strahlt regelrecht Kälte ab, die sogar ohne Hautberührung zu spüren ist. In diesem Fall ist natürlich unbedingt eine APM-Behandlung zu empfehlen. Aber durch zusätzliches Eincremen wird der Narbenbereich noch besser mit Energie versorgt, und der Patient hat weniger Beschwerden mit der Narbe.

Eine ältere Narbe, die Ihnen Probleme bereitet, sollten Sie ebenfalls einige Wochen lang, am besten zweimal täglich, eincremen. Vergessen Sie auf keinen Fall, auch die Haut in der Umgebung der Narbe mit einzubeziehen. Seltsamerweise »melden« sich alte Narben gerade dann, wenn eine neue Narbe im Körper dazukommt. Dafür, dass die Narben offenbar miteinander in Verbindung stehen, gibt es bisher keine Erklärung. Für uns ist wichtig, nicht nur der neuen Narbe, sondern auch den alten Narben Beachtung zu schenken und beim täglichen Eincremen möglichst keine zu vergessen.

Auch größere Hautflächen können Sie regelmäßig eincremen. Wichtig ist, dass Sie grundsätzlich immer in Energieflussrichtung cremen, wie es in Abbildung 11 (siehe Seite 81) zu sehen ist; bei schwer erreichbaren Körperregionen ist natürlich die Hilfe einer zweiten Person erforderlich.

Hände und Füße massieren

Eine Massage hat sich auch als Verbindung der Meridiananfangs- und -endpunkte an den Händen und Füßen bewährt. So liegen an den Füßen die Anfangspunkte der Yin-Meridiane Nieren, Leber und Milz-Pankreas, sowie die Endpunkte der Yang-Meridiane Blase, Gallenblase und Magen. An den Händen liegen die Endpunkte der Yin-Meridiane Lunge, Kreislauf und Herz, sowie die Anfangspunkte der Yang-Meridiane Dünndarm, Dreifacher Erwärmer und Dickdarm.

An diesen Anfangs- und Endpunkten findet also immer ein Energieaustausch zwischen Yang und Yin statt. Bei kalten Händen und Füßen ist der Energieaustausch jedoch eingeschränkt. Durch regelmäßiges Eincremen der Finger und Handflächen, der Zehen und Fußsohlen kann man den Energiefluss verbessern – Hände und Füße werden mit der Zeit wärmer. Bei rissigen Händen und Füßen eignet sich die APM-Creme übrigens auch, um die Haut wieder geschmeidig zu machen.

Bürstenmassage

Viele Menschen, die etwas für ihre Gesundheit tun wollen, gönnen sich täglich eine Bürstenmassage. Üblicherweise wird zum Herzen hin gebürstet, um die Blutzirkulation anzuregen. Genauso gut, in gewisser Hinsicht sogar noch besser, wäre es, in Energieflussrichtung zu bürsten.

Bürsten in Energieflussrichtung

Zuerst bürstet man von oberhalb der Brust über die Arminnenseite zur Handfläche, wechselt über zum Handrücken und fährt über die Armaußenseite bis zur Schulter. Falls die Bürste einen langen Stiel hat, kann man jetzt den Rücken von oben nach unten bürsten, fährt dann über das Gesäß die Beinrückseite entlang und über den Außenknöchel zum Fußrücken. Über die Fußaußenkante und quer über die Fußsohle wechselt man über zur Beininnenseite und bürstet von da aus aufwärts zur Leiste, dann über den Bauch bis zur Brust. Jetzt ist man wieder am Ausgangspunkt angelangt und kann die andere Körperseite in gleicher Weise bürsten. Mehr oder weniger hat man damit den Großen Kreislauf nachvollzogen.

Da diese Art der Bürstenmassage den Energiefluss im ganzen Körper anregt, ist es nicht sinnvoll, sie am Abend durchzuführen – die belebende Wirkung könnte zu Einschlafproblemen führen. Morgens hingegen hilft sie sicherlich gut, um richtig wach zu werden.

Die Bürstenmassage passt nicht zu jeder APM-Behandlung (zum Beispiel nicht zur Spannungsausgleichmassage) und sollte

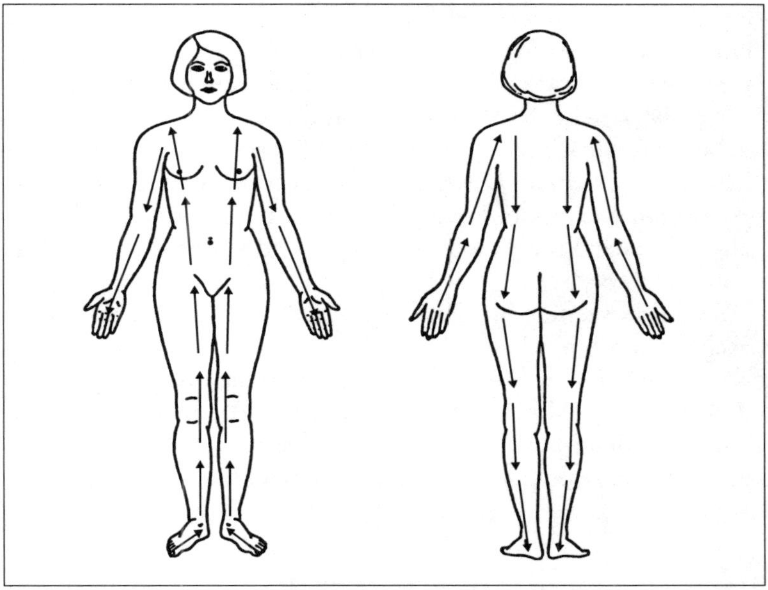

Abb. 11: Die Yin-Energie fließt auf der Körpervorderseite aufwärts und auf der Arminnenseite in Richtung Fingerspitzen. Die Yang-Energie fließt auf der Armaußenseite zur Schulter und auf der Körperrückseite abwärts. In dieser Richtung wird massiert bzw. gebürstet.

daher als Begleitmaßnahme zu einer Behandlung immer mit dem Therapeuten abgesprochen sein. Falls dagegen eine regelmäßige Bürstenmassage zum Herzen hin zu Ihren Gewohnheiten gehört, verzichten Sie bitte während einer APM-Behandlung darauf. Da eine Bürstenmassage zum Herzen hin in keiner Weise den Energiefluss berücksichtigt, würde eine solche Maßnahme den Behandlungseffekt einer Akupunkt-Massage beeinträchtigen oder sogar völlig neutralisieren.

Warmes Fußbad

Jeder kennt die folgende Situation: Man ist bei Regen unterwegs und merkt, wie Nässe und Kälte langsam in die Schuhe und die Kleidung eindringen. Zuerst sind nur die Füße kalt, aber bald breitet sich die Kälte aufsteigend über den ganzen Körper aus.

Eine Ausnahme bildet der Kopf: Hier machen sich dafür bald erste Erkältungssymptome bemerkbar. Es kratzt im Hals, die Nase wird rot, und es entsteht ein unangenehmer Druck.

Was ist geschehen? Durch die Kälte entstand eine energetische Unterversorgung im unteren Körperbereich, während es gleichzeitig zu einem Energiestau im Kopf kam. In dieser Situation tut ein warmes Fußbad große Wirkung. Durch die Wärme gelangt wieder Energie zu den Füßen, und der Stau im Kopf ist nicht mehr so stark.

Eine Energiefülle im Kopf entsteht aber nicht nur durch die beschriebene Situation, sondern auch durch eine Energieblockade irgendwo im Körper, die möglicherweise Kopfschmerzen oder gar einen Migräneanfall verursacht. Auch hier kann ein warmes Fußbad äußerst hilfreich sein. Es sollte aber auf jeden Fall mit dem Therapeuten abgesprochen werden.

Ungeeignete Maßnahmen

Normalerweise wird Ihnen Ihr Therapeut sagen, welche Maßnahmen Sie während einer APM-Therapie zu Hause durchführen und welche Sie möglichst vermeiden sollten. Da die »Verbote« jedoch auf den ersten Blick nicht immer einleuchten, sollen sie hier etwas näher erläutert werden.

Kälte- und Wärmeanwendungen

Seit langem sind Kälte- und Wärmeanwendungen als Hilfe bei den verschiedensten Beschwerden bekannt. So hat man schon immer bei stumpfen Verletzungen und Prellungen kalte Umschläge gemacht und bei Rückenbeschwerden heiße Fangopackungen.

Und seit jeher helfen etwa Fangopackungen (also lokale Wärmeanwendungen) manchen Patienten sehr gut, anderen Patienten aber überhaupt nicht. Bei rheumatischen Beschwerden werden daher in einigen Fällen Kälteanwendungen und in anderen Wärmeanwendungen empfohlen, je nachdem, was dem Patienten gut tut und hilft (die gut gemeinten Ratschläge von Bekannten nützen jedoch meistens herzlich wenig).

Aus der Sicht der Energielehre ist diese unterschiedliche Behandlung ganz einfach zu erklären. Schmerz ist ja immer eine Energiefluss-Störung und kann durch zu viel oder zu wenig Energie entstehen. Bei zu wenig Energie wird Wärme als hilfreich und angenehm empfunden; bei zu viel Energie kann sich der Schmerz durch Wärme aber noch verstärken – in diesem Fall wären also Kälteanwendungen in Form von feuchten kalten Umschlägen vorzuziehen.

Man sollte deshalb während einer APM-Behandlung Wärme- und Kälteanwendungen immer nur in Absprache mit dem Therapeuten durchführen. Auf diese Weise kann man vermeiden, dass durch die falsche Anwendung der Therapieeffekt womöglich zunichte gemacht wird. So kann eine Wärmflasche zu Hause durchaus die Therapie unterstützen. Bei Rückenbeschwerden, die auf einem Leerezustand basieren, sollte sie auch auf die betreffende Stelle aufgelegt werden. Bei den gleichen Problemen, die hingegen durch einen Energiefüllezustand entstehen, ist es jedoch besser, die Wärmflasche auf den Bauch zu legen: Es kommt eben immer darauf an, ob ein Schmerz durch zu viel oder zu wenig Energie hervorgerufen wird.

Saunabesuche und Wechselduschen

Auf beides sollte man während einer Behandlungsserie verzichten, da starke thermische Reize den Energiefluss verändern. Die Akupunkt-Massage will ja meistens eine bestimmte Energieverlagerung im Körper bewirken. Geht man gleichzeitig in die Sauna oder führt Wechselduschen durch, so weiß der Körper nicht, worauf er reagieren soll. Die Akupunkt-Massage wäre damit möglicherweise wirkungslos.

Tipps für eine sinnvolle Gesundheitspflege

Es gibt unzählige Möglichkeiten, etwas für seine Gesundheit zu tun und seinen Körper fit und leistungsfähig zu erhalten. Im Folgenden seien daher – als sinnvolle Ergänzung zu den genannten Selbstbehandlungsvorschlägen – weitere Anregungen gegeben, die zu einem großen Teil aus der Traditionellen Chinesischen Medizin stammen.

Ernährung

Die chinesische Medizin hat sich vor allem aus der Beobachtung der Natur heraus entwickelt. Lange bevor ein Arzt im alten China zu Heilkräutern oder Akupunkturbehandlung griff, sorgte er für die richtige Ernährung seiner Patienten: eine Ernährung, die mit den Jahreszeiten wechselte und im Einklang mit der Natur und den fünf Elementen stand.

Während sich damals allerdings große Teile der zumeist sehr armen Bevölkerung weder einen Arzt noch überhaupt genügend Nahrung leisten konnten, entsteht in unserer heutigen Gesellschaft selten eine Krankheit durch zu wenig, wohl aber durch zu viel und falsche Ernährung. Aber noch heute verändern sich unser Körper und unsere Organe mit dem Wechsel der Jahreszeiten: Im Sommer fühlen wir uns gewöhnlich vitaler und leistungsfähiger, im Winter ziehen wir uns eher zurück und brauchen mehr Ruhe und Entspannung.

Somit wäre es eigentlich logisch, auch unsere Ernährung unseren Lebensgewohnheiten anzupassen. Da man jedoch in den Supermärkten zu jeder Jahreszeit alles kaufen kann, haben wir den Bezug zur Natur weitgehend verloren. So gesehen ist es heute schwieriger geworden, unsere Lebensweise dem Rhythmus der Natur anzugleichen, obwohl viele Erkrankungen und Befindlichkeitsstörungen allein durch eine vernünftige, ausgewogene und der Jahreszeit angepasste Ernährung zu beheben wären.

Der Duft bestimmter Gewürze wie Zimt, Ingwer, Kardamom und Nelken ist in unseren Breiten eng mit der Weihnachtszeit verbunden. Zum Teil liegt das sicher daran, dass in früheren Zeiten Gewürze teuer waren und man sie sich eben nur zu besonderen Gelegenheiten leisten konnte. Andererseits erkannte man wohl auch schon damals, dass diese Gewürze eine erwärmende Wirkung auf den Organismus haben. Auch (scharfe) Suppen, gegrilltes Fleisch, Rotwein oder bestimmte Tees sind wärmende Lebensmittel. Hingegen haben Obst, vor allem Südfrüchte, Salat, Joghurt, Quark und (Mineral-)Wasser eine kühlende Wirkung.

Generell sollten die Speisen, die wir zu uns nehmen, nicht nur auf die Jahreszeit abgestimmt, sondern auch nicht allzu fett oder üppig sein. Deshalb wäre von einem deftigen Braten an einem heißen Sommertag in doppelter Hinsicht abzuraten.

Wasser

Zur Ernährung gehören natürlich auch Getränke, an erster Stelle Wasser. Der Körper eines erwachsenen Menschen besteht zu etwa 70 Prozent aus Wasser; bei Kindern liegt der Prozentsatz noch höher, bei älteren Menschen etwas niedriger. Doch gerade Letztere verspüren oft nur wenig Durst. Trotzdem ist Wasser für uns alle wichtig. Wir brauchen es für die Verdauung und die Atmung, da es Enzyme und Sauerstoff transportiert. Auch die Nervenleitfähigkeit und die Funktion der Zellen werden durch Wasser verbessert.

Deshalb ist es außerordentlich wichtig, immer eine ausreichende Menge Wasser zu sich zu nehmen. Der tägliche Bedarf liegt, je nach körperlicher Betätigung, bei eineinhalb bis drei Litern und kann auf lange Sicht nicht durch andere Getränke ersetzt werden. Man würde ja auch seine Wohnung oder sein Haus nicht mit etwas anderem als Wasser reinigen – noch weniger sollten wir also unserem Körper zumuten, ohne Wasser auszukommen.

Sie können statt Mineralwasser natürlich auch normales Leitungswasser trinken. Bei den Stadtwerken erhalten Sie Auskunft über die Qualität des örtlichen Trinkwassers, die regional sehr unterschiedlich sein kann. Manchmal werden zum Beispiel bestimmte Stoffe, wie Chlor, zugesetzt. Dann sollten Sie natürlich nicht hauptsächlich Leitungswasser trinken. Die Trinkwasserverordnung ist im Allgemeinen aber wesentlich strenger als die Vorschriften für Mineralwasser – aus dem Wasserhahn zapfen Sie also saubereres Wasser als aus der Flasche.

Im Winter trinken wir in der Regel nicht so gern Wasser. Das liegt hauptsächlich daran, dass wir es nicht gewohnt sind, Wasser auch im warmen Zustand zu uns zu nehmen, was in der kalten Jahreszeit wesentlich angenehmer wäre. Im alten China hingegen wurde viel heißes Wasser getrunken. Nur zu besonderen Gelegenheiten wurden ein paar Teeblätter zugefügt (gerade die arme Bevölkerung konnte sich Tee ohnehin kaum leisten).

Wassermangel kann Ursache für alle möglichen Beschwerden sein. So genügt es zum Beispiel oft schon, bei Kopfschmerzen erst einmal zwei große Gläser Wasser zu trinken, um die Beschwerden zu lindern.

Bewegung

Den meisten von uns täte ein bisschen mehr Bewegung sehr gut. Der normale Tagesablauf sieht hingegen oft so aus, dass wir morgens mit dem Auto, das vor dem Haus geparkt ist, zur Arbeit fahren. Hier verbringen wir sieben oder acht Stunden im Sitzen, um dann wieder mit dem Auto nach Hause zu fahren. Nach dem Abendessen lümmeln wir uns zur Entspannung vor den Fernseher oder sitzen mit Freunden in geselliger Runde. Zwischendurch erledigen wir vielleicht noch die nötige Hausarbeit im Stehen. Mit Bewegung hat das alles jedoch wenig zu tun.

Unser Bewegungsapparat und all unsere Körperfunktionen verlangen nach regelmäßiger Bewegung, um möglichst lange voll funktionsfähig zu bleiben. Schon einige Minuten zügigen Gehens oder Treppensteigens würden sich positiv auswirken; noch besser wäre es, regelmäßig ein- bis zweimal pro Woche zu laufen, zu schwimmen oder Rad zu fahren. Man kann natürlich auch in einen Sportverein oder ins Fitness-Studio gehen, wo man sich nicht nur statische Übungen aussuchen sollte, sondern Sportarten, die mit viel Bewegung verbunden sind, zum Beispiel Ballspiele oder sanftes Aerobic. Auf keinen Fall aber darf man einen untrainierten Körper plötzlich zu stark belasten. Stattdessen sollte man langsam aufbauend und unter kompetenter Anleitung mit dem Training beginnen.

T'ai Chi und Qi Gong

Zur traditionellen chinesischen Medizin hat schon immer Bewegung gehört. Auch heute wird in China auf vielen Plätzen und in Betrieben T'ai Chi Ch'uan und Qi Gong geübt. T'ai Chi bedeutet wörtlich übersetzt »das Äußerste« oder »das Höchste«; Ch'uan heißt »Faust«. T'ai Chi Ch'uan ist folglich der Kampf auf höchster Ebene ohne Waffen, mit der bloßen Hand. Qi Gong ist ein Sammelbegriff für mehr als 2000 Übungen und Stile, die das Qi, die Lebensenergie, bewegen sollen. Wahrscheinlich hat sich aus dem Qi Gong auch das T'ai Chi Ch'uan entwickelt.

Verallgemeinernd könnte man sagen, dass T'ai Chi mehr den Körper und Qi Gong mehr den Geist anspricht. Ein chinesischer Meister hat die beiden jedoch einmal als Zwillinge bezeichnet, die man nicht trennen sollte: Denn genauso wie Körper und Geist sind auch T'ai Chi und Qi Gong nicht streng voneinander zu trennen. Die Übungen sprechen uns immer in unserer Gesamtheit an und wirken, indem sie gezielt den Energiefluss anregen, ausgleichend auf den ganzen Körper und die Psyche.

T'ai-Chi- und Qi-Gong-Kurse werden heute in immer mehr Vereinen, Studios, Volkshochschulen und anderen Bildungsstätten angeboten.

Kapitel 5

Welche Krankheiten lassen sich mit Akupunkt-Massage behandeln?

Streng genommen lautet die Antwort zuerst einmal: keine. Denn die Akupunkt-Massage behandelt keine Krankheiten. Sie kann immer nur Energiefluss-Störungen ausgleichen. Wenn man jedoch die Energiefluss-Störung als eigentliche Ursache für Schmerz, Krankheiten oder Dysfunktionen betrachtet, dann lässt sich durchaus zu Recht behaupten: Die Akupunkt-Massage kann in vielen Krankheitsfällen Abhilfe oder zumindest Erleichterung schaffen.

Ein Patient, der einen Therapeuten aufsucht, wird ohnehin nicht von Energiefluss-Störung sprechen, sondern davon, dass er irgendwo im Körper Schmerzen oder andere Beschwerden hat.

Möglicherweise wird er auch erzählen, dass er laut schulmedizinischer Diagnose unter dieser oder jener Krankheit leidet. Auch unter diesem Aspekt kann man mit Fug und Recht sagen, dass die Akupunkt-Massage bei bestimmten Erkrankungen hilft. Deshalb soll dieses Kapitel einige ausgewählte Beschwerdebilder behandeln.

Wirkung nur bei funktionellen Störungen

Dr. Voll, der Begründer der Elektroakupunktur, hat den prägenden Satz formuliert:

> »Schmerz ist der Schrei des Gewebes nach fließender Energie.«

Diese Aussage lässt sich ebenso auch auf das Anliegen der Akupunkt-Massage übertragen: nämlich Energiefluss-Störungen zu beheben, um dadurch Schmerzen, Krankheiten und Fehlfunktionen zu beseitigen.

Die Akupunkt-Massage kann und wird nur dort helfen, wo eine Energiefluss-Störung vorliegt. Der Körper soll dazu gebracht werden, seinen Energiekreislauf auszugleichen und aufrechtzuerhalten. Nur so kann wieder neue Energie in geordneten Bahnen durch den Körper fließen, die alle Zellen und Körpergewebe optimal mit lebenswichtiger Energie versorgt.

Grundsätzlich kann die Akupunkt-Massage also nur Krankheiten oder Beschwerden beeinflussen, die auf funktionellen Störungen beruhen. Dagegen kann sie nichts oder zumindest nur wenig dort bewirken, wo etwas zerstört ist. Bei Organveränderungen oder mechanischen Veränderungen, zum Beispiel bei degenerativen Prozessen eines Gelenkes, wird die Akupunkt-Massage demnach nur bedingt helfen: Einen degenerierten Knorpel kann sie nicht wieder aufbauen, wohl aber die Begleitbeschwerden lindern.

Anwendungsgebiete der Akupunkt-Massage

Nach den bisher gesammelten Beobachtungen und Erfahrungen ergibt sich für die Akupunkt-Massage eine lange Liste von Indikationen. Sie deckt sich größtenteils mit der Indikationsliste für Akupunktur, die die Weltgesundheitsorganisation (WHO) herausgegeben hat (vgl. Auszug auf Seite 90).

Darüber hinaus gibt es noch eine Reihe weiterer Beschwerden, die – mehr oder weniger gut – auf die Akupunkt-Massage ansprechen. In der Zusammenfassung ergeben sich für die Akupunkt-Massage nach Penzel folgende Anwendungsgebiete:

- **Funktionelle Störungen:** Sie können Bewegungsapparat, Verdauung, Urogenitalsystem, Hormonsystem, vegetatives Nervensystem, Atmung, Stoffwechsel oder Kreislauf betreffen. Wichtig ist dabei, dass es sich um ein funktionelles Krank-

Indikationsliste für Akupunktur der Weltgesundheitsorganisation (Auszug)	
Erkrankungen des Respirationstrakts	• Akute Sinusitis (Nasennebenhöhlenentzündung) • Akute Rhinitis (Schnupfen) • Allgemeine Erkältungskrankheiten • Akute Tonsillitis (Mandelentzündung)
Bronchopulmonale Erkrankungen	• Akute Bronchitis • Asthma bronchiale (Bronchialasthma)
Gastrointestinale Erkrankungen	• Singultus (Schluckauf) • Gastroptose (Magensenkung) • Akute und chronische Gastritis • Hyperazidität des Magens (Magenübersäuerung) • Chronisches Ulcus duodeni (Zwölffingerdarmgeschwür) • Akute und chronische Colitis (Dickdarmentzündung) • Obstipation (Verstopfung)
Neurologische und orthopädische Erkrankungen	• Kopfschmerzen • Migräne • Trigeminusneuralgie • Fazialisparese (Gesichtslähmung) • Lähmungen nach Schlaganfall • Periphere Neuropathien (Nervenschmerzen) • Morbus Menière (Drehschwindel, Ohrgeräusche) • Neurogene Blasendysfunktion (Blasenentleerungsstörung) • Interkostalneuralgie (Nervenschmerzen entlang der Rippen) • Schulter-Arm-Syndrom • Periarthritis humeroscapularis (schmerzhafte Schultersteife) • Tennisellenbogen • Ischialgie, Lumbalgie • Rheumatoide Arthritis

heitsstadium handelt; unerheblich ist dagegen die Art der funktionellen Störung (Über- oder Unterfunktion) bzw. die Frage, an welchen Körperstellen die entsprechenden Beschwerden auftreten.

- **Schmerzzustände:** Das können sowohl akute als auch chronische Schmerzen sein; zum Beispiel Kopfschmerzen, Rücken- oder Gelenkschmerzen, Migräne, Ischialgien und rheumatische Schmerzen.
- **Prophylaxe:** Der wichtige Aspekt der Gesundheitserhaltung sollte auf keinen Fall vernachlässigt werden. Zahlreichen Erkrankungen kann man durch Stärkung der Abwehrkräfte und rechtzeitige Beseitigung von Narbenstörfeldern wirksam vorbeugen.

Behandlung von Schmerzzuständen

Bei aller Skepsis, die nach wie vor besonders in schulmedizinischen Kreisen herrscht, wissen wir von der Akupunktur heute doch eines mit Sicherheit: dass sie Schmerzen lindern und in vielen Fällen sogar beheben kann. Für die Akupunkt-Massage gilt dasselbe.

Kopfschmerzen und Migräne

Unter ständigen Kopfschmerzen oder Migräne – äußerst heftigen, krampfartigen Kopfschmerzattacken, oft begleitet von Erbrechen und Flimmern vor den Augen – leiden viele Menschen schon jahrelang, bevor sie zu einem APM-Therapeuten in die Praxis kommen. Dabei können die Beschwerden denkbar viele verschiedene Ursachen haben. Um nur einige zu nennen:

- Verspannungen der Muskulatur, besonders im Nackenbereich
- Bluthochdruck
- Probleme mit den Augen
- einseitige Belastung

- allergische Prozesse
- psychische Belastungen
- Unfallfolge
- Narben, die auch an ganz anderer Stelle im Körper liegen können
- hormonelle Störungen, usw.

Es könnte sich bei den Beschwerden natürlich auch um ein Tumorgeschehen im Kopf handeln. Deshalb wird ein verantwortungsbewusster Therapeut zunächst auf einer schulmedizinischen Abklärung der Beschwerden bestehen.

In den meisten Fällen sind die Kopfschmerzen bzw. die Migräne jedoch auf eine Energiefluss-Störung irgendwo im Körper zurückzuführen. Für den Therapeuten gilt es nun herauszufinden, um welche Art von Energiefluss-Störung es sich handelt, um zu entscheiden, wo und wie er die Behandlung ansetzen muss. Einen beginnenden Migräneanfall kann man häufig noch gut auffangen, wenn man rechtzeitig mit der Anwendung beginnt.

Erfreuliche Ergebnisse

Migräne-Erkrankungen sprechen einer Umfrage des Internationalen Therapeutenverbandes von 1996 zufolge recht gut auf eine APM-Behandlung an. Nach den Ergebnissen dieser Umfrage konnten bei 52 Prozent der befragten Migränepatienten durch eine APM-Therapie die Beschwerden um 50 bis 80 Prozent gelindert werden (dahingehend, dass die Beschwerden seltener auftraten und/oder die Anfälle nicht mehr so heftig waren). 13 Prozent waren nach der Behandlung sogar fast oder völlig beschwerdefrei. Nur bei zwei Prozent der Patienten hatte sich nach der Behandlung an ihren Problemen so gut wie nichts geändert; der Rest der Befragten erfuhr immerhin eine Linderung um bis zu 50 Prozent.

Erkrankungen des Bewegungsapparates

Für Erkrankungen des Bewegungsapparates, die immer häufiger werden, wurde im Rahmen der Akupunkt-Massage ein eigenes Therapieprogramm entwickelt. Auf diese besondere energetisch-physiologische Behandlung sprechen viele Patienten gut an – und das, selbst wenn sie schon zahlreiche andere Therapien ohne nennenswerten Erfolg ausprobiert haben. Dieses Thema sei deshalb hier nur in einigen Punkten angerissen und erst im nächsten Kapitel detailliert in seinen Hauptaspekten behandelt.

Erwähnenswert ist jedoch das Ergebnis einer Studie des Forschungsinstituts FBK Bad Elster in Zusammenarbeit mit dem Park Reha-Klinikum Bad Gandersheim, das kürzlich vorgelegt wurde: Demnach erzielt die Akupunkt-Massage nach Penzel bei Patienten mit chronischen Rückenschmerzen wesentlich bessere Erfolge als die klassische Massage.[5]

Skoliose

Hierbei handelt es sich um eine Wirbelsäulenverkrümmung zur Seite hin, die oft schon im Kindesalter und sogar bei Säuglingen auftritt. In folgendem Fall beispielsweise half die Akupunkt-Massage außergewöhnlich gut:

Eine 15-jährige Schülerin mit ausgeprägter Skoliose kam in eine Krankengymnastikpraxis und bemühte sich sehr, die gelernten Übungen rasch umzusetzen. Sie wurde mit verschiedensten krankengymnastischen Techniken behandelt. Auch musste sie ständig ein Korsett tragen, was für ein junges Mädchen eine enorme psychische Belastung darstellt. Doch alle Bemühungen hatten bis dahin keinen Erfolg erzielt. Schließlich wurde sie mit Akupunkt-Massage behandelt, und nach 18 fortlaufenden Behandlungen hatte sich die Skoliose deutlich gebessert; es traten kaum mehr Schmerzen auf. Bei der Befunderhebung, die der Be-

5 *Forschende Komplementärmedizin und Klassische Naturheilkunde,* 7/2000, S. 286–293.

handlung vorausging, wurde eine Blockade der Kreuz-Darmbein-Gelenk festgestellt, die während der Behandlung gelöst wurde. Heute, im Erwachsenenalter, hat die Patientin kaum noch Beschwerden.[6]

Leider ist ein so großer Erfolg wie in diesem Fall eher selten. Dennoch ist die Akupunkt-Massage eine ausgezeichnete Ergänzung (jedoch kein Ersatz!) zu anderen Behandlungsmaßnahmen wie Krankengymnastik oder dem Tragen eines Mieders. Oft kommt es zum Beispiel vor, dass bei regelmäßiger APM-Behandlung das Mieder in kürzeren Abständen nachgestellt und die Korrektur der Wirbelsäulenverkrümmung dadurch optimiert werden kann.

Morbus Bechterew

Diese Krankheit gehört zum rheumatischen Formenkreis. Es handelt sich dabei um eine entzündliche und sehr schmerzhafte Erkrankung vor allem der unteren Wirbelsäule und der Gelenke der Beine. Sie führt aufgrund einer fortschreitenden Verknöcherung zur Versteifung der betroffenen Wirbelsäulenabschnitte und Gelenke. Die Akupunkt-Massage kann diese Krankheit zwar nicht heilen, wohl aber das Allgemeinbefinden des Patienten verbessern und die Schmerzen lindern.

Ein besonders eindrucksvolles Beispiel einer erfolgreichen Behandlung unter anderem mit Akupunkt-Massage schildert ein heute 50-jähriger Morbus-Bechterew-Patient in folgendem Brief:

»Beginn der Krankheit: März 1990. Symptome: Schmerzen in der rechten Schulter. Nach etwa einer Woche schmerzten bereits alle Gelenke (Fuß-, Knie-, Ellenbogen-, Handgelenke) und waren stark angeschwollen. Daraufhin ging ich zu meinem Hausarzt, der mich sofort an einen Orthopäden überwies. Nach dreiwöchiger Behandlung, die nichts an meinem Krankheitsbild veränderte, suchte ich einen Rheumatologen auf. Dieser diag-

6 *APM-Journal,* 1/1997, S. 30–32.

nostizierte einen Morbus Bechterew aufgrund einer Blutuntersuchung. Er riet mir zu einer Mandeloperation und Entfernung sämtlicher Amalgamplomben. Nachdem auch diese Maßnahmen nicht zu einer Besserung führten, suchte ich einen anderen Orthopäden auf. Dieser wusste auch nichts mit mir anzufangen. Mein Zustand war inzwischen so schlecht, dass ich Schwierigkeiten hatte, mich allein anzuziehen, mich fortzubewegen, das heißt ein normales Leben zu führen, obwohl ich morgens und abends starke Schmerzmittel einnahm.
Nach fünfmonatiger Leidenszeit suchte ich verschiedene Heilpraktiker auf. Augendiagnostik, Dinkelkur, Magnetfeldbehandlung – alle Behandlungen waren erfolglos. Ich führte mittlerweile das Leben eines Schwerbehinderten und verlor die Freude am Leben, da ich keine Hoffnung auf Besserung meiner Situation mehr hatte. Im September erzählte mir ein Freund von einem Masseur und Heilpraktiker. Dieser hatte seiner Freundin, die unter starken Rückenbeschwerden litt, geholfen. Nach so vielen erfolglosen Arzt- und Heilpraktikerbesuchen versprach ich mir nicht sehr viel von meinem Besuch. Doch bereits nach der ersten Behandlung konnte ich eine leichte Besserung feststellen. Der Therapeut führte Akupunkt-Massagen durch und wendete auch noch diverse andere Behandlungsmethoden an. Nach etwa zehn Behandlungen war ich meine Schmerzen los und fühlte mich wie neugeboren. Heute, das heißt zehn Jahre später, bin ich ein gesunder Mensch und kann jeden Sport ausüben, den ich möchte.«

Morbus Scheuermann

Diese sehr häufige Wirbelsäulenerkrankung tritt aufgrund erblicher, konstitutioneller oder hormoneller Veränderungen zumeist im Jugendalter auf (wobei die Ursachen nach wie vor nur vermutet werden können). Es kommt zur Deformierung einzelner Wirbel, meist an der mittleren und unteren Brustwirbelsäule, und zu einer Haltungsschwäche. Mit abgeschlossenem Wachstum, also mit etwa 18 bis 20 Jahren, verschwinden die (Begleit-) Beschwerden, und die Krankheit schreitet nicht mehr weiter fort. Allerdings treten bei untrainierter Rückenmuskulatur im Alter von etwa 50 bis 60 Jahren wieder Beschwerden in Form einer frühzeitigen Arthrose auf.

Für den APM-Therapeuten handelt es sich bei der Scheuermann-Krankheit um die Folge einer energetischen Unterversorgung. Die Behandlung besteht also darin, dass man einen Energieausgleich vornimmt, durch den der Rücken wieder mit der nötigen Energie versorgt wird. Auf diese Weise können zumindest die Schmerzen gelindert werden, die bei dieser Erkrankung üblicherweise auftreten.

Myalgie

Es handelt sich dabei um Muskelschmerzen, die immer einen ganzen Muskel oder eine funktionell zusammengehörende Muskelgruppe befallen. Die Ursache sind Muskelverspannungen, die durch Nervenreflexe hervorgerufen werden. Eine Myalgie entsteht dann, wenn ein Gelenk oder ein Wirbelsäulenabschnitt durch Fehlhaltung überlastet ist. Die Muskeln verspannen sich, um das Gelenk oder den entsprechenden Abschnitt der Wirbelsäule ruhig zu stellen und bestimmte unphysiologische Bewegungen auszuschalten. Der Körper nimmt auf diese Weise eine Schonhaltung ein. Myalgien treten vorwiegend in folgenden Bereichen auf:

- Nackenmuskulatur
- Rückenstreckmuskulatur
- Oberarmmuskulatur
- Lendenbereich
- Beine

Bei diesen Beschwerden geht es in der Akupunkt-Massage zunächst einmal darum, das energetische und physiologische Gleichgewicht im Körper wieder herzustellen. Über die Meridian- und Akupunkturpunkt-Behandlung hinaus wird hier jedoch sicher auch eine Wirbelsäulenbehandlung (siehe Seite 106 ff.) oder eine gezielte Krankengymnastik angezeigt sein.

Tennisellenbogen

Epicondylitis humeri radialis ist eine sehr häufig gestellte Diagnose. Es handelt sich dabei um eine funktionelle Überbeanspruchung des Ellenbogens durch Beruf oder Sport mit oft heftigem Druckschmerz im Ellenbogenbereich. Vielfach lassen sich hier mit Akupunkt-Massage noch Beschwerden lindern, die bisher jedem konservativen Behandlungsversuch (wie zum Beispiel Injektionen mit antirheumatischen oder schmerzdämpfenden Medikamenten, krankengymnastische Maßnahmen, Ruhigstellung des Ellenbogens mit Gipsverband oder sogar Operation) widerstanden. Energetisch gesehen handelt es sich bei akuten Beschwerden um einen Füllezustand, bei chronischen dagegen um eine Energieleere. Der Therapeut wird also je nach Befund entweder Energie im Ellenbogenbereich zuführen oder abziehen.

Fersensporn

Es handelt sich hierbei um eine dornartige, knöcherne Ausziehung an der Unterseite des Fersenbeins, die häufig sehr druckschmerzhaft ist. Nach schulmedizinischer Auffassung wird sie durch eine Überbeanspruchung der Sehnen, zum Beispiel bei Platt- oder Hohlfuß, oder durch Entzündung, zum Beispiel bei Rheuma, ausgelöst.

Die Erfahrung zeigt, dass bei Entstehung eines Fersensporns meistens eine Leere des Blasenmeridians vorliegt und dieser mit einer APM-Behandlung daher sehr erfolgreich zu behandeln ist. Der Blasenmeridian beginnt an der Innenseite der Augenbraue, verläuft über den Kopf, versorgt den gesamten Rücken und zieht zuletzt über die Rückseite der Beine und die Außenseite der Achillessehne bis hin zur kleinen Zehe. Eine Patientin schreibt:

»Seit etwa zwei Jahren litt ich an einem Fersensporn am rechten Fuß. Die stechenden Schmerzen beim Auftreten, aber auch in Ruhestellung des Fußes waren unerträglich. Die verschiedensten Behandlungsmethoden mit Eis, Strom, Ultraschall etc. blieben ohne dauernden Erfolg. Auch Einlagen in Spezialschuhen brachten

keine Linderung. Durch die Behandlung mit Akupunkt-Massage, der ich zunächst eher skeptisch gegenüberstand, besserten sich jedoch nach kurzer Zeit wie durch ein Wunder die Beschwerden, und nach einigen Behandlungen war ich völlig schmerzfrei.« [7]

Weitere Erkrankungen

Es mag unwahrscheinlich klingen, dass so viele unterschiedliche Beschwerdebilder auf eine APM-Behandlung ansprechen sollen. Das lässt sich aber in jedem einzelnen Fall eben dadurch erklären, dass die Akupunkt-Massage nun einmal keine Beschwerden behandelt, sondern sich nur mit Energiefluss-Störungen befasst.

Asthmatische Bronchitis

Es handelt sich hierbei um ein anfallsweises Auftreten von Atemnot durch Entzündung oder Überreaktion der Atemwege, verursacht durch einen Infekt (Bakterien oder Viren) oder durch Toxine (Chemikalien). Für den APM-Therapeuten liegt natürlich in erster Linie eine Energiefluss-Störung vor, die in jedem Fall individuell zu behandeln ist. Eine Mutter schreibt:

»Meine Tochter zeigte im Herbst Symptome einer Bronchitis. Trotz der Medikamente des Hausarztes steigerten sich die Hustenattacken bis zum Erbrechen. Der Hausarzt stellte die Diagnose ›asthmatische Bronchitis‹.
Auch eine entsprechende Behandlung mit Antibiotika brachte keine Besserung. Mein Mann arbeitet als Therapeut in einer Klinik. Er lehnte eine weitere Antibiotikabehandlung ab und begann unsere Tochter mit Akupunkt-Massage zu behandeln. Wir setzten alle Medikamente ab und gaben lediglich noch ein pflanzliches Hustenmittel, um das Abhusten zu erleichtern. Sie können sich meine Verblüffung vorstellen, als meine Tochter nach der

7 *APM-Journal*, 3/1993, S. 25.

ersten Behandlung zwar noch hustete, aber sich nicht mehr erbrechen musste. Umso schöner war es, als sie nach der vierten Behandlung beschwerdefrei war und endlich wieder ausgelassen spielen konnte.« [8]

Allergischer Schnupfen und allergisches Asthma

Aus heutigem Wissensstand der chinesischen Medizin ist ein allergischer Schnupfen und allergisches Asthma unter anderem auf eine Schwäche der Abwehr-Qi-Systeme von Lunge und Nieren zurückzuführen. Diese Schwäche kann entweder angeboren oder auf Probleme während der Schwangerschaft und Geburt zurückzuführen sein. Vermutlich spielen aber auch Umweltfaktoren eine Rolle.

Betrachtet man die Symptome des Heuschnupfens, so zeigt sich ein Füllebild im Kopfbereich, also rote, tränende Augen, geschwollene, dicke Nase und Fließschnupfen. Viele Patienten sind auch von heftigen Niesanfällen geplagt. Bei Asthma ist vor allem die Atmung betroffen: Aufgrund einer krampfartigen Verengung der Bronchien und einer gleichzeitigen Schwellung der Bronchialschleimhaut kommt es zu Atemnot und Hustenattacken. In beiden Fällen kann man sagen: Die Energie ist aus dem Gleichgewicht.

Mit Akupunkt-Massage kann man bei Heuschnupfen und allergischen Anfällen zunächst einmal Erste Hilfe leisten, entweder indem man versucht, aus dem Yang-Bereich Energie in den Yin-Bereich zu ziehen, zum Beispiel mit einer SAM ventral, oder durch eine Therapie über den Kleinen Kreislauf. Asthma gehört aber in jedem Fall in ärztliche Behandlung, sodass ein verantwortungsbewusster Therapeut bei einem Asthmaanfall immer den Notarzt verständigen wird. Langfristig wird man jedoch versuchen, den Energiekreislauf in seiner Gesamtheit auszugleichen. Die Erfahrung hat gezeigt, dass man Allergien zwar nicht unbedingt auflösen, aber wenigstens die Symptome abmildern kann.

8 *APM-Journal,* 1/1999, S. 18–19 (gekürzt).

Hämorrhoiden

Im Anfangsstadium lässt sich dieses Leiden mit Akupunkt-Massage relativ gut behandeln. Aus der Sicht des APM-Therapeuten handelt es sich nicht nur um eine entzündliche Erweiterung der Venengeflechte am After, sondern auch um eine Störung in der Energieversorgung. Hämorrhoiden entstehen durch eine Fülle im Yang. Deshalb sollte man Yang-Energie aus dem Gebiet der Hämorrhoiden entweder im Sinne einer »Regenwurm-Behandlung« ableiten oder versuchen, durch eine Stärkung des Yin-Gebietes Energie aus dem betroffenen Bereich abzuziehen. Meist reicht schon eine Behandlung aus, um die charakteristischen Beschwerden wie Afterjucken, Verstopfung oder Schmerzen beim Stuhlgang für einen längeren Zeitraum zu lindern.

Parkinsonsche Krankheit

Es handelt sich hierbei um eine degenerative Erkrankung des Nervensystems, die vor allem bei Männern ab dem 60. Lebensjahr auftritt. Es gibt verschiedene Formen, und auch die Symptome sind sehr vielseitig. Häufig leiden die Patienten unter massiven Bewegungsstörungen und Verkrampfungen der Muskulatur. Es kommt unter anderem zu unwillkürlichen Bewegungsausschlägen der Gliedmaßen und oft zu einem kleinschrittigen, schlurfenden und unsicheren Gang. Natürlich kann man mit der Akupunkt-Massage diese Erkrankung nicht heilen; in den letzten Jahren hatte ich aber immer wieder Patienten in meiner Praxis, die sich wesentlich wohler fühlten, wenn sie regelmäßig behandelt wurden.

Darunter befand sich zum Beispiel ein 75-jähriger Patient, der vor einigen Monaten zum ersten Mal zur APM-Behandlung kam. Er hat schon zwei Herzoperationen (Bypass) hinter sich. Vor einem Jahr hatte er eine Hüftoperation, und seit etwa zehn Jahren leidet er an der parkinsonschen Krankheit. Ein großes Problem war bisher, dass er so unsicher auf den Beinen war, dass er sich selbst zu Hause nur mit einem Gehwagen fortbewegen konnte. Auch

Krücken boten ihm kaum Halt. Bei der ersten Behandlung war der Mann noch etwas skeptisch, empfand sie aber dann als äußerst wohltuend und angenehm. Der Tastbefund zeigte eine deutliche Leere der Beine. Vor allem das linke Bein – auf dieser Seite war er an der Hüfte operiert worden – fühlte sich kalt und unnatürlich glatt an. Nachdem ich ihn mehrmals mit dem Großen Kreislauf behandelt hatte, fühlte er sich schon wesentlich besser. Zu Hause konnte er nun ohne Krücken gehen. Bei einem Ausflug in den Wald (er war früher Jäger) konnte er sogar einen 600 Meter langen Spaziergang mit Krücken zurücklegen. Vor der Behandlung wäre das unmöglich gewesen. Insgesamt fühlte er sich allmählich immer wohler; kürzlich erzählte er mir bei einer Behandlung sogar, dass ihm die Aussicht, wenigstens ab und zu wieder in seinen geliebten Wald gehen zu können, die Freude am Leben zurückgegeben habe. Meine Empfehlung, bis auf weiteres alle ein bis zwei Wochen zur Behandlung zu kommen, damit sich sein Gesundheitszustand stabilisiert, hat er nicht nur beherzigt, sondern sich sogar zu zwei Terminen pro Woche entschlossen.

Gesundheitsvorsorge

Bisher wurde nur davon gesprochen, wie und auf welche Weise sich die Akupunkt-Massage bei bestimmten Erkrankungen, Beschwerden und Befindlichkeitsstörungen anwenden lässt. Doch davon abgesehen bietet sie auch ausgezeichnete Möglichkeiten, den Energiekreislauf aufrechtzuerhalten und dadurch potenzielle Energiefluss-Störungen von vornherein auszuschalten. Auf diese Weise kann sie Krankheiten vorbeugen und das allgemeine Wohlbefinden steigern.

Leider kommen 90 Prozent der Patienten erst in die Praxis, wenn sie schon massive Beschwerden haben, sodass es dann natürlich eine gewisse Zeit erfordert, diese erfolgreich zu behandeln. Immerhin aber lassen sich manche Patienten nach einer abgeschlossenen Behandlungsserie zu einer regelmäßigen vorbeugenden Weiterbehandlung motivieren. Empfehlenswert ist eine solche prophylaktische Anwendung in Abständen von etwa vier

Wochen. Eine andere Möglichkeit besteht darin, etwa zweimal im Jahr mehrere Behandlungstermine wahrzunehmen, damit die einstigen Beschwerden nicht wieder aufflammen.

Energetische Behandlung vor Operationen

Die Behandlung von Narben wurde bereits ausführlich erörtert; eine Akupunkt-Massage kann sich allerdings auch schon *vor* einer Operation sehr günstig für den Patienten auswirken. Häufig weiß man ja schon lange im Voraus, wann eine Operation ansteht. Die Zeit bis dahin lässt sich sinnvoll nutzen, um den Energiekreislauf anzuregen, damit sich der Körper nach der Operation wieder schneller erholen kann.

Einer meiner Patienten erhielt die niederschmetternde Diagnose Blasenkrebs. Da sich der Krebs noch nicht weiter ausgebreitet hatte, wurde ihm zu einer Entfernung der Blase geraten. Ungefähr drei Wochen vorher begannen wir mit der Behandlung – er kam dreimal pro Woche zur Akupunkt-Massage. Die Operation dauerte fast einen halben Tag. Nachdem die Chirurgen die Blase entfernt hatten, fertigten sie aus einem Stück Dünndarm eine neue Blase.
Man kann sich vorstellen, dass eine solche Operation äußerst kompliziert ist und den Organismus enorm belastet. Mit einem fünftägigen Aufenthalt auf der Intensivstation war also in jedem Fall zu rechnen. Umso größer war die Überraschung, dass sich der Patient nach der Operation erstaunlich schnell erholte. Als 48 Stunden später dringend ein Bett auf der Intensivstation gebraucht wurde, konnte er bereits auf die Normalstation zurückverlegt werden, wo sich sein gesundheitlicher Zustand weiterhin erstaunlich schnell besserte.

Behandlung von Sportlern

Nicht nur bei Sportverletzungen, sondern auch während der Trainingszeit oder vor Wettkämpfen ist eine Akupunkt-Massage sehr empfehlenswert, denn durch den verbesserten Energiefluss lässt sich die Leistungsfähigkeit merklich steigern. Je nach Beanspruchung kann der Therapeut den Sportler genau dort behandeln, wo er vermehrt Energie braucht. So würde man bei Radrennfahrern zum Beispiel eine Energieverlagerung von oben nach unten durchführen, um eine bessere Energieversorgung in den Beinen zu bewirken.

Wenn die Akupunkt-Massage nicht anschlägt

Was aber, wenn APM nicht wirkt? Diese Frage stellen sich viele Patienten natürlich mit gutem Grund. Schließlich ist die Akupunkt-Massage kein Allheilmittel, mit dem sich Krankheiten und Schmerzen wie von Zauberhand beseitigen lassen, auch wenn die bisher genannten Fallbeispiele vielleicht diesen Eindruck erwecken.

Ein Bereich, in dem eine APM-Behandlung nur noch unter eingeschränkten Voraussetzungen sinnvoll ist, wurde ja schon angesprochen: Zerstörtes Gewebe kann die Akupunkt-Massage nicht wieder aufbauen. In solchen Fällen lassen sich nur noch die Begleitbeschwerden lindern – immerhin!

Unterschiedliche Erfolgsaussichten

Die Erfahrung hat außerdem gezeigt, dass verschiedene Beschwerdebilder im Allgemeinen auch unterschiedlich gut auf die Akupunkt-Massage ansprechen. So hat die bereits erwähnte Umfrage von 1996 zwar gute Erfolgsaussichten bei Migräne bestätigt, bei Tinnitus dagegen sieht es etwas anders aus: Von 90 befragten Tinnitus-Patienten konnten nur zwei (fast) ganz von ihren Beschwerden befreit werden. 14 Patienten berichteten immerhin von einer Besserung um 50 bis 80 Prozent. Der weitaus größte Teil der Patienten, nämlich 74, jedoch gab an, dass sich die Beschwerden entweder gar nicht oder um weniger als 50 Prozent gebessert hätten. Ein Grund für dieses enttäuschende Ergebnis könnte sein, dass der Behandlungserfolg bei Tinnitus nicht nur von der Stärke, sondern auch von der Dauer der

Ohrgeräusche abhängig ist. Viele Patienten haben schon jahrelange erfolglose Therapieversuche hinter sich, bis sie den Weg zur Akupunkt-Massage finden.

Kommen wir außerdem noch einmal zurück auf die Skoliose. Hier wirkt die APM-Therapie keineswegs immer so gut wie im oben erwähnten Fall (Näheres dazu siehe Seite 114 und 123 ff.). Realistischerweise muss man leider auch mit hartnäckigen Fällen rechnen, bei denen eine APM-Therapie keinen oder zumindest nicht den gewünschten Erfolg hat. Eine 40-jährige Patientin berichtet in diesem Zusammenhang von ihren Erfahrungen:

Die Patientin litt aufgrund einer Skoliose jahrelang unter starken Rückenschmerzen. Deshalb begann sie verschiedene physikalische Therapien für sich auszuprobieren. Zunächst versuchte sie es auf Verordnung ihres Arztes mit Krankengymnastik. Die Beschwerden besserten sich aber nicht. Nach weiteren vergeblichen Therapieversuchen wurde sie auf die Akupunkt-Massage aufmerksam und suchte von da an regelmäßig die Praxis eines APM-Therapeuten auf. Doch weder die Spannungsausgleichmassage noch die Entstörung von Narben brachten den gewünschten Erfolg. Die Schmerzen ließen nicht nach. Eine nachfolgende Akupunktur-Behandlung änderte an diesem Problem ebenfalls nichts. Die Suche nach einer geeigneten Therapie musste also weitergehen.
Im Nachhinein ist die Patientin durchaus der Meinung, dass ihr alle Therapien, die sie ausprobierte, auf die eine oder andere Weise gut getan haben. Bei der Akupunkt-Massage war es vor allem die positive Wirkung auf die Stimmung und das Allgemeinbefinden, die der Patientin in guter Erinnerung geblieben sind. Dennoch kommt sie aus heutiger Sicht zu dem Schluss: »Von all diesen Therapien war im Grunde keine die wirklich richtige für mich.«

Der richtige Zeitpunkt

Zum Schluss sei noch eine kleine, vielleicht nebensächliche Tatsache erwähnt, die unter gewissen Umständen aber durchaus von Bedeutung sein kann: Hin und wieder kommt es vor, dass ein Patient auf eine APM-Behandlung nicht reagiert, jedenfalls nicht zum augenblicklichen Zeitpunkt. Ein guter Therapeut wird dies spätestens nach der dritten oder vierten Sitzung merken und daraus die entsprechenden Konsequenzen ziehen: Er wird die Behandlungsserie abbrechen. Trotzdem ist es durchaus sinnvoll, nach etwa drei bis sechs Monaten einen neuen Versuch zu starten. Denn manche dieser Patienten sprechen dann plötzlich ohne weiteres auf die Behandlung an. Das bestätigt, dass für den Erfolg einer APM-Therapie selbst kleine Details eine Rolle spielen können – wie zum Beispiel der richtige Zeitpunkt.

Kapitel 6
Energetisch-physiologische Wirbelsäulenbehandlung

Da aus energetischer Sicht jede Erkrankung in erster Linie eine Energiefluss-Störung ist, sind natürlich auch Erkrankungen der Wirbelsäule von dieser Sichtweise nicht ausgenommen. Das heißt, dass auch der Wirbelsäulenpatient zuerst einmal so über das Meridiansystem behandelt wird, wie es im ersten Abschnitt einer APM-Behandlungsserie üblich ist. Diese Behandlung wird so lange fortgesetzt, bis keine neuen Reaktionen mehr auftreten und die Beschwerden des Patienten sich zumindest vorübergehend deutlich gebessert haben. Erst im Anschluss daran kann die spezielle energetisch-physiologische Wirbelsäulenbehandlung, die Willy Penzel entwickelt hat, erfolgen.

Chronische Schmerzen sowie Bewegungseinschränkungen der Wirbelsäule und des gesamten Bewegungsapparates gehören bei uns vermutlich zu den häufigsten Gesundheitsstörungen überhaupt. Die Ursachen dafür können sehr unterschiedlich sein – meist spielen mehrere Faktoren zusammen, bis Beschwerden auftreten. Die häufigsten sind:

- Fehl- und Überbelastung durch Sport oder einseitige Arbeitshaltung
- ständiges Sitzen (zum Beispiel durch Arbeiten am Computer)
- Bewegungsmangel
- neurologische Störungen
- hormonelle Probleme (etwa Osteoporose)
- psychische Probleme
- fehlendes Körperbewusstsein
- degenerative Probleme

Diese (unvollständige) Liste legt die Schlussfolgerung nahe, dass die energetisch-physiologische Wirbelsäulentherapie in unseren heutigen Lebensverhältnissen mehr und mehr an Bedeutung gewinnt.

Die Aufgaben der Wirbelsäule

Unsere Wirbelsäule stellt sozusagen den Körperstamm dar: Die Gliedmaßen stehen mit ihr in Verbindung, alle Nerven – mit Ausnahme der Gehirnnerven – entspringen aus ihr und versorgen sämtliche Körperabschnitte. Eine gesunde Wirbelsäule ist die Voraussetzung dafür, dass alle Körperfunktionen und Bewegungen harmonisch ablaufen, denn sie stützt und trägt unseren Körper. Gleichzeitig stellt sie aber auch einen Schutz für unser Rückenmark dar, das für das Funktionieren lebenswichtiger Reflexe zuständig ist. Die Wirbelsäule ist nicht zuletzt eine Verbindung zwischen Geist und Körper, Informations- und Befehlsübermittler.

Der Aufbau der Wirbelsäule

Die Wirbelsäule besteht aus 33 bis 34 Wirbeln, die unterteilt sind in sieben Hals-, zwölf Brust- und fünf Lendenwirbel. An den fünften Lendenwirbel schließt das Kreuzbein, bestehend aus fünf Kreuzwirbeln, an und an dieses wiederum das Steißbein mit drei bis vier Wirbeln. Die Nummerierung der Wirbel erfolgt immer von oben nach unten.

In der Regel besteht ein Wirbel aus einem Wirbelkörper, einem Wirbelbogen mit Dornfortsatz, zwei Querfortsätzen und zwei oberen und unteren Gelenkfortsätzen. Diese stellen eine gelenkige Verbindung zwischen den einzelnen Wirbeln her. Außerdem liegt zwischen den einzelnen Wirbelkörpern jeweils eine Zwischenwirbelscheibe, besser bekannt unter der Bezeichnung Bandscheibe. Diese wiederum besteht aus einem Knorpelring, in dessen Mitte sich ein weicher, gallertartiger Kern befindet. Er hat die Funktion eines Stoßdämpfers und fängt jede Bewegung auf.

Die Wirbelbögen bilden zusammen den Rückenmarkskanal, in dem sich das Rückenmark und die Rückenmarksflüssigkeit (Liquor cerebrospinalis) befinden. Der Liquor ist, abgesehen von seiner Ernährungs- und Pufferfunktion für das Rückenmark, auch sehr wichtig für unseren Energiefluss. Nur durch die gleichmäßige Bewegung und den ständigen Austausch zwischen der Rückenmarks- und der Gehirnflüssigkeit ist dieser Energiefluss möglich.

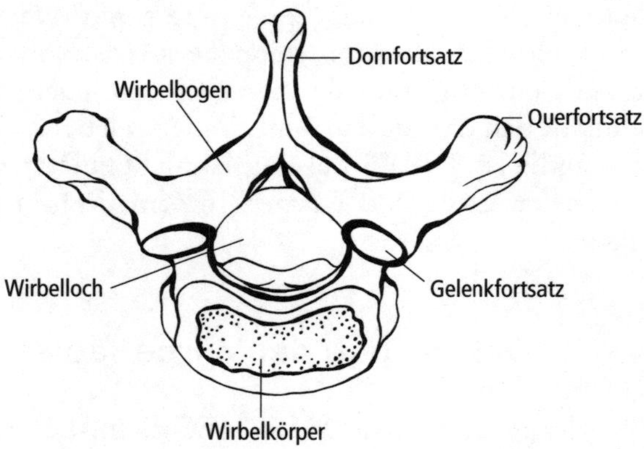

Abb. 12: Ein Brustwirbel von oben gesehen.

Die Halswirbelsäule

Die beiden oberen Wirbel der Halswirbelsäule (HWS) bilden eine Besonderheit. Der erste, Atlas genannt, hat im Gegensatz zu den anderen Wirbeln keinen Wirbelkörper. Zusammen mit dem Hinterhauptsrand bildet er das obere oder erste Kopfgelenk, das Nickbewegungen (in einem Winkel von 40 bis 70 Grad) und Seitwärtsbewegungen (zehn bis 15 Grad) des Kopfes ermöglicht. Der zweite Halswirbel, der Axis, bildet zusammen mit dem Atlas das zweite Kopfgelenk, das in erster Linie für die seitliche Drehung der Halswirbelsäule verantwortlich ist.

Wie der erste und der zweite Halswirbel unterscheidet sich auch der siebte von den anderen Wirbeln, wenn auch nur dadurch, dass er einen wesentlich stärker ausgebildeten Dornfortsatz hat. Dieser ist für die meisten Menschen selbst gut tastbar. Es handelt sich dabei um die Erhebung der unteren Halswirbelsäule am Übergang zur Brustwirbelsäule.

Die Brustwirbelsäule

Im Gegensatz zur Halswirbelsäule ist die Brustwirbelsäule (BWS) relativ unbeweglich. Allein eine leichte Vorwärts- und Rückwärtsneigung sowie eine geringe seitliche Drehung ist möglich. Zusammen mit den Rippen, die jeweils durch ein Gelenk an den einzelnen Wirbeln befestigt sind, und dem Brustbein bildet der Bereich der Brustwirbelsäule ein relativ starres Gebilde. Diese deutlich eingeschränkte Bewegungsmöglichkeit ist nötig, um lebenswichtige Organe wie das Herz und die Lunge zu schützen. Die Dornfortsätze der Brustwirbelsäule stehen außerdem dachziegelförmig übereinander. Das schränkt die Beweglichkeit der Brustwirbelsäule zusätzlich ein, was aus den genannten Gründen durchaus sinnvoll ist.

Die Lendenwirbelsäule

Die fünf Wirbelkörper der Lendenwirbelsäule (LWS) sind wesentlich stärker ausgebildet und deshalb sehr viel belastbarer als alle anderen Wirbelkörper. Schließlich muss die Lendenwirbelsäule das meiste Gewicht des Körpers tragen. Zudem wirken durch das Hebelgesetz mitunter enorme Kräfte auf sie ein. Hebt man zum Beispiel einen Eimer mit zehn Liter Wasser, so wirken auf die Lendenwirbelsäule bis zu achtmal stärkere Kräfte ein, das heißt neben dem Körpergewicht kommen noch bis zu 80 Kilo Belastung hinzu.

Das Kreuzbein

Beim Kreuzbein handelt es sich um eine Knochenverbindung, die in ihrer Form einem Dreieck ähnelt. Die Spitze des Dreiecks zeigt nach unten, und der gegenüberliegende Schenkel (oben) stellt eine waagrechte Verbreiterung für die Verbindung zwischen Bandscheibe und fünftem Lendenwirbelkörper dar.

Das Kreuzbein ist, wie sein Name irrtümlich vermuten lassen könnte, kein einzelner Knochen, sondern entstand evolutionsgeschichtlich aus der knöcherner Verbindung von fünf einzelnen Wirbeln und deren Zwischenwirbelscheiben. Seine Oberkante bildet die Basis für unsere Wirbelsäule. Die seitlichen Flächen sind Gelenkflächen, die mit den beiden Darmbeinschaufeln die Kreuz-Darmbein-Gelenke bilden.

Das Steißbein

Das Steißbein besteht meist aus drei bis vier Wirbeln. Bis auf den obersten zeigen sie aber kaum noch Ähnlichkeit mit einem normalen Wirbel. Die anderen werden nach unten immer kleiner und stellen eigentlich nur noch die Rudimente eines Wirbels dar, die keine weitere Funktion haben.

Das Becken

Das knöcherne Becken besteht aus dem Kreuzbein und den beiden Beckenschaufeln, die jeweils wiederum in Sitz-, Darm- und Schambein gegliedert sind. Zwischen den beiden Schambeinen sitzt eine Knorpelscheibe, die den Beckenring schließt.

Man kann die Beckenknochen normalerweise selbst gut tasten: Die beiden Sitzbeine sind die Knochen, die bei längerem Sitzen auf einem harten Stuhl am Gesäß drücken. Das Darmbein wird gemeinhin als *der* Beckenknochen betrachtet. Der vordere obere Darmbeinstachel begrenzt seitlich den Bauchraum und ist selbst bei korpulenten Menschen gut tastbar.

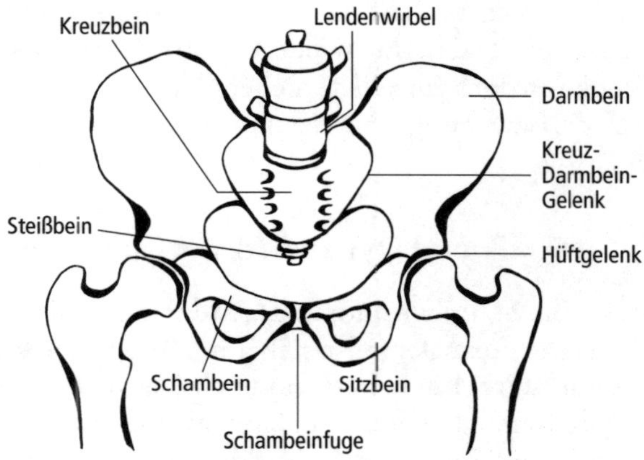

Abb. 13: Das knöcherne Becken.

Die Kreuz-Darmbein-Gelenke

Im Grunde haben alle Gelenke die gleichen Merkmale:

- Zwei Knochen stehen sich gegenüber.
- Beide Knochenenden sind mit einem Knorpel überzogen, sodass sie perfekt zueinander passen.
- Zwischen den Knorpelüberzügen liegt ein hauchdünner Spalt, in dem sich Gelenkschmiere befindet.
- Das Gelenk wird mantelförmig von einer Kapsel umschlossen, die aus mehreren Schichten besteht. Die innerste Zellschicht produziert die Gelenkschmiere. Die Kapsel ist luft- und wasserdicht, und zusätzlich herrscht dort Unterdruck, durch den die Knochen aneinander »gesaugt« werden.

Das Kreuz-Darmbein-Gelenk (KDG) ist genau wie jedes andere Gelenk aufgebaut. Nur hat es natürlich nicht den Bewegungsradius wie etwa ein Gelenk der Gliedmaßen, sondern ist relativ unbeweglich. Allerdings leistet es wichtige Stoßdämpferarbeit und muss bei jeder Bewegung des Rückens und der Beine mitarbeiten, indem es die Last des Rumpfes vom Kreuzbein auf die Darmbeine überträgt, die wiederum die Körperlast über die Hüftgelenke an die Beine weitergeben. Nur so sind harmonische, schmerzfreie Bewegungsabläufe und ein gleichmäßiges Gangbild möglich.

Statik und Dynamik der Wirbelsäule

Ab dem 18. bis 24. Lebensmonat des Menschen – also ab dem Alter, in dem man normalerweise sicher und frei gehen kann – weist eine gesunde Wirbelsäule bestimmte charakteristische Wölbungen auf. Von der Seite betrachtet kann man die beiden nach vorn gebogenen (Lordosen) und die beiden nach hinten gebogenen (Kyphosen) Krümmungen der Wirbelsäule deutlich erkennen: Die Hals- und die Lendenwirbelsäule weisen eine Lordose, die Brustwirbelsäule und der Sakralbereich eine Kyphose auf. Die gesunde Wirbelsäule hat also eine Doppel-S-Form. Diese charakteristische Form der Wirbelsäule erfüllt wichtige Aufgaben:

- Sie mildert Stöße und Erschütterungen ab, die beim Gehen und Laufen entstehen und sich an der Wirbelsäule entlang bis zum Gehirn fortpflanzen.
- Sie gestattet große Bewegungsfreiheit.
- Sie vergrößert die Belastbarkeit des Bewegungsapparates.

Bis zum ersten Wachstumsschub mit etwa sechs bis sieben Jahren – man spricht von der ersten Streckung – ist die Lordose der Lendenwirbelsäule relativ stark ausgeprägt. Im zweiten Wachstumsalter (elf bis zwölf Jahre bei Mädchen; 13 bis 14 Jahre bei Jungen) ist die Wirbelsäule besonders anfällig für statische Veränderungen. Aus diesem Grund entstehen in diesem Alter häufig Haltungsschäden. Nach dem 16. Lebensjahr hingegen bleibt die Wirbelsäule normalerweise bis zum 55./60. Lebensjahr statisch unverändert. Danach sackt sie durch den Wasserverlust der Bandscheiben zusammen, sodass es zu einem Größenverlust von etwa zwei bis drei Zentimetern kommt.

Krankhafte Veränderungen

Nicht jede krankhafte Veränderung der Wirbelsäule muss zwangsläufig gravierende Folgen haben – denn in einem gewissen Maß und unter bestimmten Voraussetzungen ist die Wirbelsäule durchaus in der Lage, sich zumindest teilweise zu regenerieren oder Bewegungseinschränkungen eines Wirbelsäulenabschnittes durch einen anderen Abschnitt zu kompensieren.

> Ein klassischer Merksatz der Orthopädie lautet: »Die Qualität der Wirbelsäule hängt immer von der Qualität der sie umgebenden Muskulatur ab.« Man könnte diesen Satz in unserem Zusammenhang folgendermaßen erweitern: »... und von der energetischen Versorgung!«

Die energetische Versorgung ihrerseits ist nur dann gewährleistet, wenn der gesamte Organismus im Gleichgewicht ist. Das heißt, es müssen neben der Wirbelsäule immer auch die anderen Körperfunktionen und die Psyche mit einbezogen werden. Sätze wie »Er hat eine schwere Last zu tragen«, »Sie hat sich zu viel auf die Schultern geladen« oder »Ich komme nicht mehr auf die Beine« gewinnen in diesem Sinne eine besondere Bedeutung.

Beckenschiefstand

Haben Sie schon einmal darüber nachgedacht, dass Sie eigentlich nicht nur mit den Füßen und den Beinen, sondern auch mit dem Becken und dem gesamten unteren Rückenbereich gehen? Wenn man beide Hände auf den unteren Rücken legt, kann man deutlich spüren, wie sich bei jedem Schritt die Rückenmuskulatur mitbewegt.

Die Beine, das Becken und die Wirbelsäule bilden so gesehen eine Einheit. Die Oberkante des Kreuzbeins, das die Basis der Wirbelsäule darstellt, steht waagrecht zwischen den Beckenschaufeln. Wenn nun die Oberkante aufgrund einer Beinlängendifferenz nicht mehr genau waagrecht steht, hat die Wirbelsäule eine schiefe Ebene als Basis, und das gesamte Becken gerät in einen Schiefstand.

Da das Kreuz-Darmbein-Gelenk überdies das einzige Gelenk ist, das keinen überspannenden Muskel besitzt, der es aus einer Schiefstellung wieder in die Mittelstellung bringen könnte, muss die Wirbelsäule mit einer Seitwärtsverkrümmung reagieren, um weiterhin einen geraden Gang zu ermöglichen: Es kommt zu einer Skoliose. Sie geht oft auch noch mit der Rotation einzelner Wirbel einher. Man spricht in diesem Fall von einer Rotationsskoliose.

Unterschiedliche Beinlängen

Wenn ein Mensch verschieden lange Beine hat, kann dies sowohl anatomische als auch funktionelle Ursachen haben. Liegt eine *anatomische* Ursache vor, so handelt es sich entweder um eine angeborene oder um eine erworbene Beinlängendifferenz: Ein Längenunterschied kann zum Beispiel aufgrund einer einseitigen Wachstumsbeschleunigung eines Beines auftreten oder auch durch Wachstumsverzögerung infolge einer Fraktur oder Lähmung entstehen. Eine *funktionelle* Beinlängendifferenz hingegen ist fast immer durch eine Blockade des Kreuz-Darmbein-Gelenks (KDG-Blockade) bedingt, die zu einer seitlichen Bewegungseinschränkung des Beins und infolgedessen zu einer Seitwärtsneigung der Lendenwirbelsäule führt.

Beide, sowohl die anatomische als auch die funktionelle Beinlängendifferenz, haben also einen Beckenschiefstand und damit letztlich eine Skoliose zur Folge. Je früher man versucht, einen Beinlängenausgleich herzustellen, umso besser sind die Aussichten, eine entstehende Skoliose aufzuhalten bzw. zu beheben. Bei einer funktionellen Beinlängendifferenz (bei der ja kein echter Längenunterschied vorliegt) lässt sich deshalb durch rechtzeitige energetisch-physiologische Behandlung des blockierten Kreuz-Darmbein-Gelenks die Fehlstellung häufig erfolgreich korrigieren.

Woran erkennt man eine KDG-Blockade?

Patienten, die an einer Kreuz-Darmbein-Gelenkblockade leiden, klagen häufig über folgende Probleme:

- Die Schmerzen treten einseitig auf.
- Die Schmerzen wechseln ständig und haben häufig Bewegungseinschränkungen zur Folge.
- Heftige Hüftschmerzen können sehr plötzlich auftreten.
- Auch einseitige Sensibilitätsstörungen (etwa in Höhe der Hosentaschen) sind möglich.
- Sehnenschmerzen in der Kniekehle kommen ebenfalls häufig vor (ein Gefühl, als seien die Sehnen zu kurz).
- Manchmal macht sich auch ein störender Juckreiz am Unterschenkel außen bemerkbar.

Auch der *Morgenschmerz* kann ein deutliches Anzeichen einer KDG-Blockade sein. Er tritt unmittelbar nach einer längeren Ruhepause (vor allem also nach der Nachtruhe) auf und verschwindet dann nach einer gewissen Zeit. Der Körper wird also allmorgendlich regelrecht in eine Fehlstellung gezwungen, um die Beinlängendifferenz und das schief stehende Becken auszugleichen.

Im Gegensatz dazu fühlen sich Patienten mit *Abendschmerz* zu Beginn des Tages noch ganz wohl. Erst nach längerer Belastung stellen sich allmählich Beschwerden ein. Man spricht in diesem Fall auch von der so genannten Alterswirbelsäule; es handelt sich also *nicht* um eine KDG-Blockade (die jedoch zusätzlich vorliegen kann).

In beiden Fällen, sowohl bei Morgen- als auch bei Abendschmerz, ist eine energetische Therapie sinnvoll. Beim Patienten mit Morgenschmerz ist darüber hinaus jedoch – wie bei allen Fällen von KDG-Blockade – noch eine spezielle energetisch-physiologische Wirbelsäulenbehandlung erforderlich, die noch ausführlich zu beschreiben sein wird.

Gelenkblockaden der Wirbelsäule

Wirbelsäulenblockaden entstehen dadurch, dass die kleinen Zwischenwirbelgelenke durch ständige Fehlhaltung, Überlastung oder eine plötzliche, schnelle Bewegung in eine ungeübte passive Haltung gezwungen werden und aus dieser heraus nicht mehr in die physiologische Neutralstellung zurückfinden. Kommt es bei einem Wirbel zu einer solchen Fehlstellung, so ist auch der darüber oder der darunter liegende Wirbel mit betroffen, da ein Zwischenwirbelgelenk von den Gelenkfortsätzen und den Gelenkpfannen zweier benachbarter Wirbel gebildet wird. Es sind also häufig mindestens drei Wirbel beteiligt, was zu einer enormen funktionellen und statischen Beeinträchtigung führen kann.

Der Körper wird versuchen, diese Fehlstellung zu kompensieren, indem er mit muskulären Verspannungen reagiert, um die veränderte Statik auszugleichen. Häufig kommt es auch in einem anderen Wirbelsäulenabschnitt zu einer Gegenbewegung, woraus wiederum neue (Energie-)Blockaden mit weiteren Verspannungen entstehen können.

Ischiasbeschwerden

Der Ischiasnerv setzt sich aus dem Nervus peronaeus communis und dem Nervus tibialis zusammen. Im Becken und im Oberschenkelbereich haben sie eine gemeinsame Bindegewebshülle und erscheinen deshalb als ein Nerv. Der Ischiasnerv zieht unter dem Gesäßmuskel und den rückseitigen Oberschenkelmuskeln Richtung Kniekehle. Knapp oberhalb der Kniekehle trennen sich die beiden Nerven, wobei der Nervus peronaeus Richtung Unterschenkelvorderseite, also zum Schienbein, zieht und von dort zum Fußrücken. Der Nervus tibialis hingegen verläuft über die Wade zum inneren Knöchel und teilt sich dann, um den inneren und äußeren Fußrand zu versorgen.

Jeder Nerv setzt sich aus verschiedenen Fasern zusammen; aus den motorischen, die die Bewegung steuern, und aus den sensiblen, die für die Wahrnehmung sowohl von Reizen von außen als auch von inneren Körperreizen zuständig sind.

Ursachen von Ischiasbeschwerden

Der typische Ischiasschmerz zieht genau entlang des Ischiasnervs. Wer schon einmal Ischiasbeschwerden hatte, wird dessen Verlauf genau angeben können. Meist ist er im Gesäßbereich und im hinteren Oberschenkel besonders stark. Viele aber verwechseln Ischiasbeschwerden mit einem Lumbago (Schmerz im Lendenbereich) oder ganz allgemein mit Kreuzschmerzen.

Ischiasbeschwerden werden oft durch einen Bandscheibenvorfall oder eine Bandscheibenvorwölbung verursacht. Bei einem Bandscheibenvorfall reißt der Knorpelring der Bandscheibe ein, sodass ihr gallertartiger Kern in den Wirbelkanal rutscht und dort die Nerven komprimiert. Meistens aber genügt schon eine Bandscheibenvorwölbung, bei der der Knorpelring Richtung Wirbelkanal vorgewölbt ist, um eine Reizung oder Entzündung des Ischiasnervs zu verursachen.

Ein Bandscheibenvorfall oder eine Vorwölbung können durch Überlastung, muskuläre Verspannung, energetisches Ungleichgewicht oder durch degeneratives Geschehen hervorgerufen werden. Eine andere Ursache dafür ist ein Tumorgeschehen innerhalb des Wirbelkanals und manchmal auch eine Infektion. Es bleibt deshalb immer dem Facharzt vorbehalten, eine genaue Diagnose zu stellen. Nur durch Röntgenaufnahmen oder eine Kernspintomographie ist eine exakte Diagnose überhaupt möglich. Der Ischiasnerv kann aber auch außerhalb des Rückenmarks gereizt werden, etwa durch Druck im Gesäßbereich oder im Oberschenkel. Viele Männer tragen ihren Geldbeutel in der rechten Gesäßtasche. Der Druck, der, verstärkt durch den Geldbeutel, beispielsweise bei langen Autofahrten auf die rechte Gesäßhälfte einwirkt, ist sehr häufig die Ursache für Ischiasbeschwerden. Es entsteht entweder ein Energiestau oder eine Energieleere; in beiden Fällen kann die Energie nicht mehr frei fließen.

Meistens stellt man sich einen Nerv sehr filigran vor. Das trifft für den oberen Teil des Ischiasnervs jedoch absolut nicht zu: Er ist dort kleinfinger- bis daumendick. Das erklärt wiederum, warum ein Druck sowohl von innen als auch von außen Beschwerden hervorrufen kann.

Eine weitere mögliche Ursache für Ischiasbeschwerden ist die schon bekannte Kreuz-Darmbein-Gelenk-Blockade. Durch sie wird die Bewegung im Becken stark eingeschränkt, die Beckenmuskulatur verspannt sich und übt wiederum Druck zumindest auf Teile des Ischias aus.

Behandlung durch Akupunkt-Massage

Da Bandscheibenvorwölbungen häufig auch durch Verspannungen der Wirbelsäulenmuskulatur und somit durch ein energetisches Ungleichgewicht hervorgerufen werden, lassen sich Ischiasbeschwerden normalerweise – sofern kein Tumorgeschehen oder ein anderes schwerwiegendes Krankheitsbild vorliegt – sehr gut mit Akupunkt-Massage behandeln.

Bei akuten Beschwerden handelt es sich fast immer um einen Füllezustand im Yang-Bereich. Oft reichen schon zwei bis drei Behandlungen aus, um die ärgsten Beschwerden zu lindern. Es ist jedoch sinnvoll, eine Wirbelsäulenbehandlung anzuschließen, um einen stabilen Zustand der Wirbelsäule zu erreichen.

Befunderhebung

An erster Stelle der eigentlichen Wirbelsäulenbehandlung steht immer selbstverständlich der Befund. Blockaden im Kreuz-Darmbein-Gelenk etwa können, wie gesehen, eine funktionelle Beinlängendifferenz bewirken, die am stehenden Patienten Fehlhaltungen und Veränderungen im Bereich der ganzen Wirbelsäule erkennen lassen.

Sichtbefund im Stehen

Bei der Befunderhebung steht der Patient zunächst in aufrechter, bequemer Haltung mit dem Rücken zum Therapeuten. Er sollte dabei möglichst nackt sein, denn nur am unbekleideten Körper lassen sich Fehlhaltungen und Veränderungen der Statik zuverlässig erkennen.

Der Therapeut wird sich den ganzen Körper genau ansehen und dabei vor allem auf folgende Punkte achten:

- Stehen die Füße parallel und gerade oder knicken sie nach innen oder außen; ist eine Fußwölbung vorhanden?
- Sind die Kniegelenke entspannt und auf gleicher Höhe?
- Sind die Gesäßfalten (Falten zwischen Oberschenkel und Gesäß) gleichmäßig ausgeprägt und auf gleicher Höhe?
- Steht der Analspalt lotrecht? Dies gibt Auskunft über die Stellung des Kreuzbeins.
- Steht die Beckenoberkante waagrecht?
- Weicht die Wirbelsäule seitlich aus?
- Ist die Schulterhöhe rechts/links unterschiedlich?
- Wie ist die Kopfhaltung? Ist der Kopf zur Seite geneigt? Bei einer Beinlängendifferenz zeigt der Kopf fast immer zur verkürzten Seite!
- Ist der Bauchnabel in der Mitte?

Sichtbefund im Liegen

Der Patient wird nun gebeten, sich möglichst gerade auf den Rücken zu legen. Erstaunlich ist dabei, dass der Patient sehr oft meint, absolut gerade zu liegen, während seine Beine in Wirklichkeit zum Oberkörper hin deutlich abgewinkelt sind. Richtet man dann die Beine so aus, dass sie mit dem Oberkörper eine Gerade bilden, hört man oft: »Jetzt fühle ich mich total schief.« Auch das ist wieder ein Hinweis auf eine mögliche Blockade im Kreuz-Darmbein-Gelenk mit einer daraus resultierenden funktionellen Beinlängendifferenz. Wären die Beine nämlich gleich lang, so würde es dem Patienten wesentlich leichter fallen, sich im Liegen wirklich gerade auszurichten.

BEFUNDBOGEN

Datum: __________

Name, Vorname | Geburtsdatum

Stehend: Sichtbefund

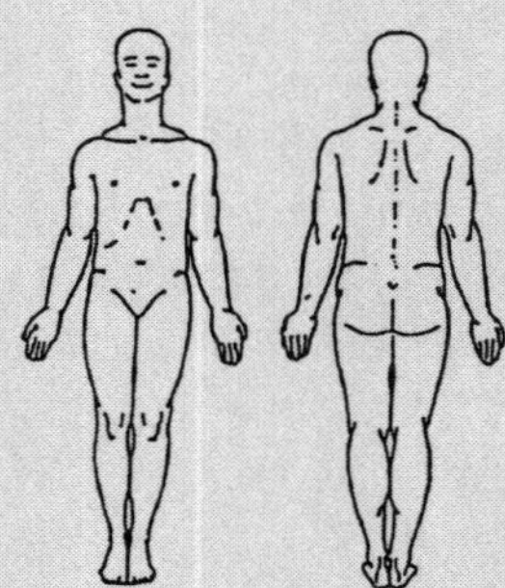

Tastbefund/Messung

1. Kopfrotation
☐ gleich ☐ links-eingeschränkt-rechts ☐

2. Atlasstellung
☐ mittig ☐ links-versetzt-rechts ☐

3. FBA
☐ gleich __________ cm

links __________ cm / rechts __________ cm

Sitzend:

4. Piedallu
aufrecht: ☐ gleich ☐ links-hoch-rechts ☐
gebeugt: ☐ gleich ☐ links-hoch-rechts ☐

Liegend: Sichtbefund

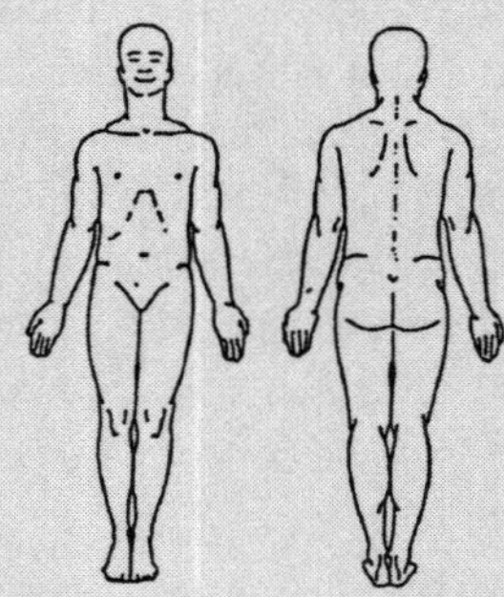

Tastbefund/Messung

Rückenlage:

5. Patrick Test

links ________ cm / rechts ________ cm

6. Derbolowski
☐ negativ ☐ positiv
☐ RL gleich ☐ links-länger-rechts ☐
☐ LS gleich ☐ links-länger-rechts ☐

Bauchlage:

7. SBH
☐ gleich ☐ links-dorsal-rechts ☐

8. Prüfgriff nach Penzel
☐ links-blockiert-rechts ☐

中華按摩® AKUPUNKT-MASSAGE nach Penzel

Abb. 14: Auf dem Befundbogen werden alle Normabweichungen der Körperstatik vermerkt.

Tastbefund und Messung am stehenden Patienten

Wie wichtig der Sichtbefund auch ist, so hat doch der Tastbefund eine noch größere Aussagekraft. Zunächst einmal geht es um ein allgemeines Erspüren von Unregelmäßigkeiten der Muskelgrundspannung, das Befühlen des Bindegewebes und der Reflexzonen und andere deutlich fühlbare Zeichen. Danach wird der Tastbefund differenzierter. Außerdem gibt es bestimmte Möglichkeiten, die Beweglichkeit der Wirbelsäule zu messen. Im Folgenden sind nur einige der wichtigsten genannt:

- **Prüfung der Kopfrotation:** Dazu legt der Therapeut die Hände auf die Schultern des Patienten und fixiert diese leicht. Der Patient soll nun den Kopf langsam und so weit wie möglich zuerst zur einen und dann zur anderen Seite drehen. Ist die Bewegung insgesamt sehr eingeschränkt oder gibt es Unterschiede zwischen rechts und links, so wird dies auf dem Befundbogen vermerkt.

- **Atlasstellung:** Der Atlas, der erste Halswirbel, ist vor allem für die Nickbewegung zuständig. Dadurch, dass es sich um einen relativ flachen Wirbel handelt, der eigentlich keine Gelenkfortsätze, sondern nur Gelenkflächen hat, ist er relativ gut beweglich und kann sich nach vielen Achsen drehen. Leider gibt es dabei auch viele Möglichkeiten für eine Blockade. Ständige Kopfschmerzen und Bewegungseinschränkungen bis hin zum steifen Hals sind häufig die Folge. Es ist deshalb sehr wichtig zu tasten, ob der Atlas in der richtigen Position ist. Hinter dem Ohrläppchen kann man deutlich einen Knochenvorsprung fühlen, den Warzenfortsatz. Zwischen ihm und dem Kiefergelenk kann der Therapeut beiderseits auch die Querfortsätze des Atlas tasten und dadurch Rückschlüsse auf seine Stellung ziehen.

- **Vor- und Rückwärtsbewegung der Halswirbelsäule:** Dabei wird der Kopf so weit wie möglich nach vorn gebeugt. Im Idealfall sollte das Kinn die Oberkante des Brustbeins berühren. Bei der Rückwärtsbewegung sollte der Kopf sehr vorsichtig so weit in den Nacken gelegt werden können, dass die Hand des Patienten im gestreckten Zustand in den Abstand zwischen Kinn und Oberkante des Brustbeins passt. Idealerweise sollte die Linie zwischen Nase und Stirn horizontal liegen. Abweichungen davon werden ebenfalls notiert.

Testmethoden in Rücken- und Bauchlage

Während sich die bisher beschriebenen Befundmethoden auf den oberen Abschnitt der Wirbelsäule konzentrieren, wird mit den folgenden gezielt nach einer möglichen KDG-Blockade gesucht bzw. die Beweglichkeit der Lendenwirbelsäule geprüft.

- **Test nach Derbolowski:** Der Patient liegt in Rückenlage mit leicht erhöhtem Oberkörper und stützt sich auf beide Unterarme. Der Therapeut umfasst die Beine in Höhe der Knöchel. Er registriert die Position der beiden Innenknöchel zueinander und übt einen leichten Zug aus. Jetzt soll sich der Patient mit der Kraft seiner Arme aufsetzen und sich maximal nach vorn beugen. Dieser Test liefert eine Aussage darüber, ob eine anatomische oder eine funktionelle Beinlängendifferenz vorliegt: Jede Veränderung der Knöchelstellung von der Rückenlage zum Langsitz zeigt eine *funktionelle* Beinlängendifferenz an.

- **Befund in Bauchlage:** Sollte nach dieser oder anderen Testmethoden in Rückenlage noch immer nicht klar sein, auf welcher Seite die KDG-Blockade vorliegt und in welcher Richtung sich das Kreuzbein »verkantet« hat, so hat der Therapeut zuletzt noch die Möglichkeit, den Patienten in Bauchlage mit bestimmten Tasttechniken zu untersuchen (zum Beispiel, indem er die Stellung der Sitzbeinhöcker überprüft).

Systematischer Behandlungsaufbau

Erst nach dieser zeitaufwändigen und umfangreichen Befunderhebung kann die eigentliche Wirbelsäulenbehandlung beginnen. Der Befund ist jedoch zwingend notwendig, um herauszufinden, wie der Patient optimal behandelt werden kann. So ist es zum Beispiel wichtig zu wissen, ob eine funktionelle oder eine anatomische Beinlängendifferenz vorliegt. Durch eine anatomische Beinlängendifferenz befindet sich das Becken ja in einer permanenten Schrägstellung, die es zunächst auszugleichen gilt, bevor weitere Behandlungsmaßnahmen zur Behebung der Begleitbeschwerden erfolgen können: In vielen Fällen lässt sich die Beinlängendifferenz durch eine Erhöhung der Schuhsohle des zu kurzen Beines ausgleichen.

Eine funktionelle Beinlängendifferenz, die übrigens sehr viel häufiger vorkommt, entsteht dagegen meistens durch die Blockade eines Kreuz-Darmbein-Gelenks. Würde man hier die Schuhsohle erhöhen, so würde man die Blockade fixieren – die Beschwerden des Patienten würden sich noch weiter verstärken.

Die energetische Vorbehandlung

Grundsätzlich geht jeder differenzierten Wirbelsäulen- und Gelenkbehandlung eine Behandlungsserie voraus, die eine Verbesserung des Energieflusses zum Ziel hat. Es wird also zunächst einmal so behandelt, wie in Kapitel 3 beschrieben wurde: mit einer SAM ventral bzw. dorsal oder einer Energieverlagerung rechts/links bzw. oben/unten sowie mit einer Therapie über die Umläufe, die sich meist an eine solche Spannungsausgleichmassage anschließt. Denn die wenigsten Patienten haben ausschließlich im Yang oder im Yin Beschwerden, sondern fast immer in beiden. Würde man nur über die Zweiteilung des Energiekreislaufes (das heißt mit einer Spannungsausgleichmassage) arbeiten, so würden sich zwar einige Beschwerden verbessern, andere aber würden dafür schlimmer werden. Daher arbeitet man anschließend über die Umläufe.

Schritt für Schritt vorgehen

Die eigentliche Wirbelsäulentherapie gliedert sich in mehrere Abschnitte, die jeweils ein bestimmtes Ziel haben. Erst wenn das jeweilige Ziel erreicht ist, kann man zum nächsten Schritt übergehen. Im Prinzip ist die Reihenfolge der einzelnen Behandlungsabschnitte vorgegeben. Trotzdem muss jeder Patient individuell behandelt werden; das heißt, es ist von Termin zu Termin neu zu überlegen, welche Maßnahme als Nächstes ansteht, weil die Reaktionen der einzelnen Patienten nicht vorhersehbar sind.

Vor allen Dingen ist es wichtig, der Wirbelsäule Zeit zu geben. Dazu muss man sich nur vergegenwärtigen, dass die Wirbelsäule jahrelang in einer Fehlstellung war. Wie könnte sie sich jetzt, quasi von heute auf morgen, plötzlich gerade ausrichten? Beschwerden, die sich über so lange Zeit aufgebaut haben, können auch mit einer noch so guten Therapie nicht auf einmal verschwinden.

Eine Wirbelsäulenbehandlung bezieht sich immer auf die ganze Wirbelsäule, auch wenn sich einzelne Behandlungsabschnitte auf das Becken, die Lendenwirbelsäule, die Brustwirbelsäule und die Halswirbelsäule konzentrieren. Nur indem man immer die gesamte Wirbelsäule in Betracht zieht, ist ein systematischer Behandlungsaufbau möglich.

Therapie des Kreuz-Darmbein-Gelenks

Was für den gesamten Behandlungsaufbau gilt, gilt auch für die einzelnen Therapieabschnitte: Trotz des vorgegebenen Behandlungsschemas sind die einzelnen Maßnahmen gegebenenfalls individuell festzulegen.

Das Ziel des ersten Behandlungsabschnitts ist ein freies Gelenkspiel des Kreuz-Darmbein-Gelenks. Am wichtigsten ist jedoch zunächst auch hier, erst einmal für die richtige energetische Versorgung des Kreuzbeins zu sorgen. Das Problem vieler chiropraktischer Maßnahmen zum Beispiel besteht darin, dass sie die Beschwerden nur momentan beheben können. Der Behandlungserfolg ist meist nur von kurzer Dauer, sodass die Patienten immer öfter zum »Einrenken« gehen müssen. Das liegt daran, dass bei einer solchen Maßnahme nicht auf die energetische Situation eingegangen wird. Nur wenn die Energie gleichmäßig fließt, kann auch eine chiropraktische Maßnahme auf längere Sicht Erfolg haben.

Ganz anders arbeitet die Akupunkt-Massage. Hier steht an erster Stelle immer die Meridiantherapie. Der APM-Therapeut wird allerdings auch niemals chiropraktische Techniken anwenden, sondern immer nur durch leichte Roll- und Schaukelbewegungen versuchen, den Körper dahin zu bringen, dass er sich wieder selbst regulieren kann.

Der Prüfgriff

Um zu testen, ob ein Kreuz-Darmbein-Gelenk blockiert ist, entwickelte Willy Penzel einen speziellen Prüfgriff, der ihm in vielen Fällen relativ eindeutige Ergebnisse lieferte. Es ist zwar sehr schwierig, diesen Test richtig auszuführen; wenn ihn jedoch ein Therapeut beherrscht, kann er gleichzeitig schon therapeutisch wirken. Bei der Prüfung wird das Kreuzbein fixiert, und gleichzeitig wird ein Darmbein sanft um eine gedachte Achse gedreht. Der Test muss unbedingt schmerzfrei verlaufen; manchmal löst sich ein Kreuz-Darmbein-Gelenk dabei sogar von selbst – aber natürlich nur, wenn es energetisch vorbehandelt wurde. Normalerweise wird ein blockiertes Kreuz-Darmbein-Gelenk jedoch mit der folgenden Methode gelöst.

Schwingen des Oberschenkels

Der Patient liegt in Bauchlage, wobei die Füße über den Liegenrand hinausragen. Die Stirn ruht auf beiden Händen, sodass eine gerade Position der Wirbelsäule gewährleistet ist. Der Therapeut legt die eine Hand auf das Kreuzbein und die andere auf die Außenseite des Oberschenkels, unmittelbar über dem Kniegelenk. Indem er das Bein nun kontinuierlich abwechselnd und rhythmisch, aber dennoch sanft von innen nach außen rollt, bringt er das Becken und damit die Wirbelsäule des Patienten zum Schwingen.

Unter der fortwährend ausgeführten Schwingung wandert die auf dem Bein liegende Hand des Behandlers langsam zur Hüfte. Diese leichte Schwingbewegung, die vom Patienten gewöhnlich als sehr angenehm empfunden wird, reicht meistens aus, um eine Gelenkblockade zu lösen.

Eine sanfte Alternative

Manchmal ist eine mobilisierende Behandlung der Kreuz-Darmbein-Gelenke grundsätzlich nicht möglich, weil der Patient in einem fortgeschrittenen Alter ist oder eine bestimmte Erkrankung, beispielsweise Osteoporose, vorliegt. In solchen Fällen ist eine andere Technik nützlich, die sich im Übrigen sehr gut auch bei Schwangeren einsetzen lässt. Bei Patienten mit akuten Rückenschmerzen ist sie ebenfalls zu empfehlen, da Bewegungsausmaß und -tempo dieses Verfahrens deutlich reduziert sind.

Der Patient liegt auf dem Rücken. Der Therapeut hebt und senkt dessen gestrecktes Bein einige Male um etwa 45 Grad. Diese Bewegungen laufen sehr langsam ab und werden auf die Atmung des Patienten abgestimmt. Um das zu behandelnde Bein zu bestimmen, stehen mehrere Testmethoden zur Verfügung:

1. Ist in Rückenlage eine Beinlängendifferenz des Patienten zu erkennen, so wählt man das längere Bein als Therapiebein.
2. Lässt sich in Rückenlage keine Beinlängendifferenz beobachten, dafür aber beim Test nach Derbolowski (siehe Seite 122), so wählt man das Bein als Therapiebein aus, das sich nach dem Aufrichten als länger erweist.
3. Sofern die Bestimmung des Therapiebeins nicht eindeutig möglich ist, kann man auch beide Seiten therapieren. Es spielt dabei keine Rolle, mit welcher Seite man anfängt.

Vibrationen auf dem Kreuzbein

Bisher wurde das Kreuzbein immer nur fixiert, nicht aber selbst bewegt. Mittels Vibrationen kann es aber durchaus auch angesprochen werden. Dabei setzt der Therapeut seine Handkante auf das Kreuzbein und übt Richtung Bauchraum möglichst feine Vibrationen aus, während der Patient ausatmet.

Behandlung des Hüftgelenks

Die Erfahrung hat gezeigt, dass es sehr wichtig ist, nach dem Lösen des Kreuz-Darmbein-Gelenks auch die Gelenke der Beine zu behandeln. Das Hüftgelenk schließt sich als Nächstes an die Bewegungskette Wirbelsäule/Kreuz-Darmbein-Gelenk an. Es gilt also, speziell das Hüftgelenk, aber auch das Knie- und Sprunggelenk zu dehnen und durch bestimmte Übungen zu mobilisieren.

Hausübung: Der Beinhebel

Damit das Kreuzbein nach dem Lösen der Blockade nicht sofort wieder in seine gewohnte, also die blockierte Stellung zurückgleitet, ist es unumgänglich, den Patienten zu einer Übung anzuhalten, die er zu Hause regelmäßig durchführen sollte.

In Rückenlage umfasst der Patient das Kniegelenk der blockierten Seite mit beiden Händen und zieht es, während er ausatmet, zur Brust. Der Kopf bleibt dabei liegen. Diese Bewegung wird etwa sechsmal wiederholt.

Lockerung der Wirbelsäule

Das Ziel des zweiten Behandlungsabschnitts ist die Lockerung der Lenden- und Brustwirbelsäule. Auch dem geht, wie immer, eine energetische Behandlung voraus. Anschließend wird kontrolliert, ob das vormals blockierte Kreuz-Darmbein-Gelenk nach wie vor frei ist; gegebenenfalls wird man es nochmals nachlockern.

Nun geht es an die Behandlung der Wirbelsäule. Dazu lagert der Patient sich bequem auf den Bauch, der Therapeut setzt seine Daumen seitlich an den Dornfortsätzen an. Erneut wird die Wirbelsäule in ihrer Gesamtheit in Schwingung versetzt, damit sie die Möglichkeit hat, wieder beweglicher und elastischer zu werden. Schon nach der ersten Behandlung lässt sich das feststellen.

Hausübung: Beinhebel und Klipp-Klapp-Übung

Die Übung aus dem ersten Behandlungsabschnitt wird beibehalten. Hinzu kommt nun noch die so genannte Klipp-Klapp-Übung:

In Rückenlage werden die Beine aufgestellt und die Füße dabei möglichst weit auseinander genommen. Jetzt lässt man beide Knie zu einer Seite fallen und atmet dabei aus. Bei der Einatmung werden die Knie möglichst zügig zurück in die Ausgangsstellung gebracht und bei der Ausatmung zur anderen Seite abgelegt. Der Kopf wird dabei jeweils zur Gegenseite gedreht. Die Übung sollte ohne Kraftanstrengung durchgeführt werden und darf keinesfalls schmerzhaft sein. Sie ist wichtig, um die ganze Wirbelsäule zu bewegen. Bei einem noch blockierten Kreuz-Darmbein-Gelenk darf diese Übung jedoch nicht durchgeführt werden.

Behandlung der Wirbelgelenke

Das Ziel der folgenden Maßnahmen ist die Lockerung und Pflege der Wirbelgelenke.

Nach einer energetischen Grundversorgung wird zunächst erneut geprüft, ob das Kreuz-Darmbein-Gelenk frei ist. Dann wird der Patient wieder bequem auf den Bauch gelagert. Der Therapeut setzt die Daumen beidseitig am Dornfortsatz des vierten Lendenwirbels an und versetzt durch wechselseitigen leichten Druck den Wirbelsäulenabschnitt in feine Schwingung. Dabei wandern die Daumen die Wirbelsäule hinauf bis zum ersten Brustwirbel. Durch die Schwingung soll die Wirbelsäule elastischer und der Selbstheilungsprozess angeregt werden.

Im nächsten Abschnitt wird diese Behandlung der kleinen Wirbelgelenke wiederholt. Hinzu kommt noch das Prüfen der Dornfortsätze: Mit dem Mittelfinger übt der Therapeut einen leichten Druck seitlich auf die Dornfortsätze aus. Er tastet dabei nach druckschmerzhaften Stellen. Auch bei einer sehr guten Wirbelsäulenbehandlung können noch Restschmerzen vorhanden sein, die sich mit den Regeln der Energetik behandeln lassen. Besonders geeignet dafür sind die *Zustimmungspunkte.* Es handelt sich dabei um Akupunkturpunkte am Rücken, die auf dem inneren Ast des Blasenmeridians liegen (siehe Abb. 18, Seite 143).

Obwohl die Zustimmungspunkte ausschließlich auf dem Blasenmeridian liegen, sind sie zusätzlich jeweils einem Organ bzw. dem Meridian eines Organs zugeordnet. Wenn ein Zustimmungspunkt druckschmerzhaft ist, handelt es sich in den meisten Fällen um einen Fülleschmerz. Um diese Fülle energetisch abzubauen, stehen zwei Möglichkeiten zur Verfügung: Da anscheinend die Zustimmungspunkte der rechten und linken Körperseite korrespondieren, kann man beispielsweise durch Reizung des linken Zustimmungspunktes Energie aus dem zugeordneten rechten Zustimmungspunkt abfließen lassen. Die andere Möglichkeit besteht darin, dass man ein Zuviel an Energie in den zuständigen Meri-

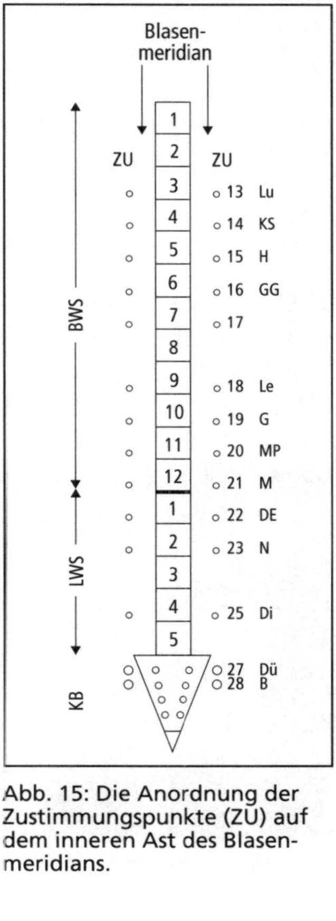

Abb. 15: Die Anordnung der Zustimmungspunkte (ZU) auf dem inneren Ast des Blasenmeridians.

dian abfließen lässt, indem man bestimmte Punkte dieses Meridians tonisiert.

Als Hausübung sind für diesen Teil der Behandlung wieder der Beinhebel und die Klipp-Klapp-Übung anzuraten.

Mobilisation der Halswirbelsäule

Das Ziel des letzten Behandlungsabschnitts ist ein freies Gelenkspiel der Halswirbelsäule.

Eigentlich sollte sich auf einem gerade stehenden Becken ganz automatisch auch eine gesunde Statik aufbauen. Dennoch ist nicht gewährleistet, dass die Halswirbelsäule nach einer Fehlstellung von selbst wieder in die physiologisch richtige Stellung zurückgelangt. Daher ist eine spezielle Therapie in Form bestimmter HWS-Übungen im Anschluss an die bisherigen Behandlungsabschnitte in jedem Fall sinnvoll.

Mobilisationsübung 1

Der Patient liegt gerade auf dem Rücken. Nun dreht er den Kopf nach links, während er den linken Arm nach innen und den rechten Arm nach außen dreht. Wendet der Patient den Kopf anschließend nach rechts, so wird der rechte Arm nach innen und

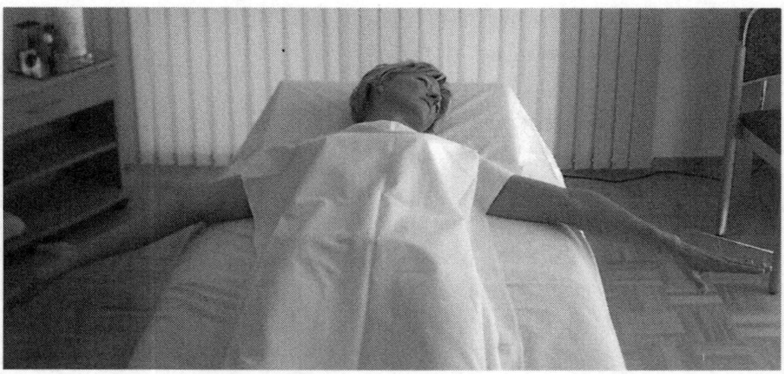

Abb. 16: Mobilisationsübung 1 kann der Patient auch zu Hause durchführen.

der linke Arm nach außen gedreht. Diese Übung wird mehrmals wiederholt.

Sie wird außerdem nochmals durchgeführt, wenn die Arme 90 Grad vom Körper abgespreizt sind, und dann erneut bei einem Winkel von 45 Grad.

Mobilisationsübung 2

Diese Übung ist vor allem bei einer Bewegungseinschränkung der Halswirbelsäule angezeigt. Nehmen wir als Beispiel hier eine Bewegungseinschränkung der Halswirbelsäule nach rechts an.

Der Patient liegt wieder in Rückenlage; der linke Arm ist 45 Grad vom Körper abgestreckt, während der rechte Arm am Körper anliegt. Der Patient dreht den Kopf nach links und gleichzeitig den linken Arm nach innen. Danach kehrt er zur Ausgangsstellung zurück und wiederholt die Übung mehrmals.

Die gleiche Übung wird wiederholt, während der linke Arm 90 Grad vom Körper abgestreckt ist. Dann folgt noch einmal die Ausgangsübung.

Mobilisationsübung 3

Auch diese Übung ist hauptsächlich bei Bewegungseinschränkungen hilfreich. Der Patient liegt auf dem Rücken. Wenn die Kopfdrehung nach *rechts* eingeschränkt ist, wird der linke Arm 45 Grad vom Körper abgespreizt und der rechte Arm gestreckt an den Körper angelehnt.

Der Therapeut sitzt am Kopfende der Massagebank und legt seine linke Hand auf die linke Kopfseite des Patienten.

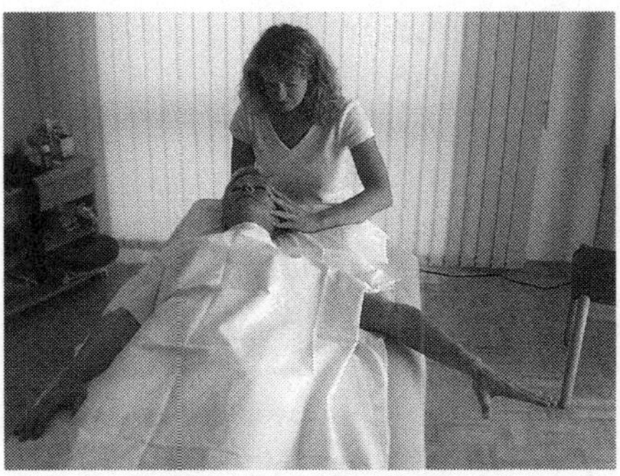

Abb. 17: Für Mobilisationsübung 3 ist die Hilfe des APM-Therapeuten erforderlich.

Dieser wird nun aufgefordert, mit dem Kopf eine Drehbewegung nach links gegen die Hand des Therapeuten auszuführen und dabei auszuatmen. Es handelt sich hierbei um eine isometrische Anspannungsübung. Gleichzeitig dreht der Patient den linken Arm nach innen.

Die gleiche Übung wird wiederholt, jedoch mit 90 Grad vom Körper abgestrecktem linkem Arm. Dann folgt noch einmal die Ausgangsübung.

Hausübung

Sobald der Patient seinen Kopf uneingeschränkt in beide Richtungen bewegen kann, sollte er Mobilisationsübung 1 mindestens einmal täglich zu Hause durchführen; eine Übungseinheit umfasst etwa zehn langsame Drehbewegungen.

Ist noch keine uneingeschränkte Kopfbewegung möglich, so sollte der Patient die Mobilisationsübungen 1 und 2 wenigstens einmal täglich zu Hause praktizieren.

Wetterwaldsche Punkte

Ergänzend zu einer Gelenkbehandlung gehört in vielen Fällen auch eine Behandlung der so genannten *wetterwaldschen Punkte;* dabei handelt es sich nicht um normale Akupunkturpunkte (obwohl beispielsweise einige Magen- und Gallenblasen-Akupunkturpunkte mit einbezogen werden). Die wetterwaldschen Punkte sind ideal dafür geeignet, Restschmerzen in einer Schulter oder einem Hüftgelenk zu beseitigen, und zwar sowohl bei Fülle- als auch bei Leerezuständen.

Es ist bekannt, dass in gewisser Weise alle Körperorgane und -regionen miteinander in Verbindung stehen. Das gilt in diesem Zusammenhang besonders für Bereiche, die entgegengesetzt zueinander liegen. Bezogen auf die Gelenke wären dies zum Beispiel

rechte Schulter – linkes Hüftgelenk
rechter Ellenbogen – linkes Knie
rechtes Handgelenk – linkes Sprunggelenk
und natürlich umgekehrt.

Über die wetterwaldschen Punkte kann man das Knie, die Hüfte und die Schulter behandeln. Hat ein Patient zum Beispiel Schmerzen in der rechten Schulter aufgrund einer *Energieleere*, so wird man ganz gezielt die wetterwaldschen Punkte an der Schulter behandeln. Hat ein Patient dagegen Schmerzen in der rechten Schulter aufgrund einer *Energiefülle*, so wird man sich auf die wetterwaldschen Punkte an der linken Hüfte konzentrieren, um dadurch das Zuviel an Energie der rechten Schulter möglichst weit abzuleiten.

Bei Hüftbeschwerden verhält es sich genauso. Treten Schmerzen aufgrund einer Energiefülle auf, so wird die gegenüberliegende Schulter behandelt. Treten aber Schmerzen aufgrund einer Energieleere auf, so wird direkt am betroffenen Gelenk gearbeitet.

Der Faktor Zeit

Zum Schluss sei noch einmal darauf hingewiesen, dass der Faktor Zeit bei der Wirbelsäulentherapie eine große Rolle spielt. Selbst wenn von Anfang an eine kontinuierliche Verbesserung der Beschwerden spürbar ist, muss man doch genügend Zeit aufwenden, bis sich die Wirbelsäule wieder frei bewegen kann. Nur so wird die Therapie zu einem längerfristigen Erfolg führen. Auch ein verrostetes Scharnier, das jahrelang nicht geöffnet wurde, wird man nicht gewaltsam aufreißen; es würde brechen. Stattdessen wird man es ölen und durch vorsichtiges Öffnen und Schließen wieder geschmeidig machen. Genauso verhält es sich im Prinzip mit den Gelenken unserer Wirbelsäule. Das Öl ist in diesem Fall der richtige Energiefluss.

Kapitel 7
Schwangerschaftsbegleitung mit Akupunkt-Massage

Jeder weiß, mit welchen Unwägbarkeiten und Risiken eine Schwangerschaft verbunden sein kann. Aus diesem Grund kann man die Errungenschaften der modernen Medizin zunächst einmal gar nicht hoch genug schätzen. Durch moderne Diagnostik können wir dem werdenden Kind im Mutterleib bei seiner Entwicklung gleichsam zusehen und jedes einzelne Stadium der Schwangerschaft genau beobachten. Dass die meisten Eltern das Geschlecht des Kindes lange vor dem Geburtstermin wissen, gilt heutzutage ebenfalls als selbstverständlich. Auch im Kreißsaal ist für gewöhnlich die modernste medizintechnische Ausstattung vorhanden. Nicht selten allerdings wird sie über die Gefühle und Bedürfnisse der gebärenden Frau gestellt. Das ist vermutlich der entscheidende Grund, warum der Wunsch nach einer »natürlichen« Geburt bei vielen Frauen allmählich wieder in den Vordergrund rückt.

So suchen mehr und mehr schwangere Frauen inzwischen Unterstützung und Hilfe in der alternativen Medizin: Akupunktur und Moxibustion[9] sind daher heute im Rahmen einer natürlichen Geburtsvorbereitung und Geburtshilfe schon fast eine Selbstverständlichkeit. Aber auch die Akupunkt-Massage nach Penzel gewinnt in dieser Hinsicht an Bedeutung. Mit dieser sanften Therapie lassen sich nämlich nicht nur viele Probleme vor und während einer Schwangerschaft beheben; sie schafft auch optimale Voraussetzungen für eine möglichst komplikationsfreie Entbindung.

9 Das Erwärmen von Akupunkturpunkten durch glühendes Beifußkraut, mit dem die Haut nicht in Berührung kommt.

Ungewollte Kinderlosigkeit

Viele Paare leiden heutzutage unter ungewollter Kinderlosigkeit. Die Ursachen dafür sind vielfältig und trotz der enormen medizinischen Fortschritte noch längst nicht hinreichend ergründet. Liegt es an der ständig zunehmenden Umweltverschmutzung, an Überlastung im Beruf oder vielleicht an der allzu perfekten Lebensplanung – erst die Karriere und dann die Kinder? Pauschal ist dies nicht zu beantworten, denn in jedem Fall ist die Hauptursache vermutlich eine andere.

Aus der Sicht eines APM-Therapeuten lässt sich in allen Fällen dennoch eines übereinstimmend sagen: Sofern organisch alles in Ordnung ist (dies muss selbstverständlich ein Facharzt feststellen), liegt wahrscheinlich eine Energiefluss-Störung vor, und zwar nicht nur bei der Frau, sondern durchaus auch beim Mann. Wie immer gilt also auch hier: Wir behandeln eine Energiefluss-Störung und nichts anderes. Trotzdem kann man durch eine APM-Behandlung das Problem der Kinderlosigkeit tatsächlich häufig erfolgreich beheben.

Zahlreiche Menschen in unserer Gesellschaft sind sehr kopflastig oder kopfgesteuert: Die Energie staut sich also zu sehr im Kopfbereich. Vielen Frauen sind die entsprechenden Begleiterscheinungen nur allzu bekannt: ständige Kopfschmerzen, Verdauungsstörungen, kalte Füße, vor allem aber ein kaltes Gesäß und kalte Oberschenkel. Die Energie sitzt im Kopf, und der Körper hat keine Möglichkeit, den Beckenbereich ausreichend mit Energie zu versorgen. Wie sollen da die Voraussetzungen für ein werdendes Kind gegeben sein! Denn gerade in der Schwangerschaft ist es wichtig, dass im Beckenbereich viel Energie zur Verfügung steht. Normalerweise regelt der Körper das selbst; liegt jedoch eine Energiefluss-Störung vor, so muss man dem Körper durch eine APM-Behandlung helfen, sich selbst zu regulieren, damit auch der Beckenbereich wieder mit genügend Energie versorgt wird.

Oft liegt einer Unterversorgung im Becken auch eine Kreuz-Darmbein-Gelenk-Blockade zugrunde. Doch auch diese lässt sich mit einer energetisch-physiologischen Behandlung, die ganz individuell auf die Schwangere abgestimmt ist, beheben. Allerdings ist zu beachten, dass in den ersten drei Monaten der Schwangerschaft und bei Risikoschwangerschaften grundsätzlich keine Spannungsausgleichmassage durchgeführt werden darf (siehe dazu auch Seite 141).

Die ersten drei Schwangerschaftsmonate

Mit der Verschmelzung von Ei- und Samenzelle beginnt, zunächst noch unbemerkt, ein neues Leben. Es wird nicht lange dauern, bis sich bei der werdenden Mutter die ersten Anzeichen der Schwangerschaft einstellen. Dann wird es Zeit, regelmäßig zu den Vorsorgeuntersuchungen zu gehen, deren Kosten die Krankenkassen übernehmen. Diese Untersuchungen sind für eine gesunde Entwicklung des Kindes wichtig, auch wenn sich die werdende Mutter »völlig gesund« fühlt. Umso mehr gilt:

> Bei jeder Komplikation im Verlauf einer Schwangerschaft sollte man umgehend den Frauenarzt aufsuchen.

Die Zeit der großen Veränderungen

Bemerkenswerterweise sind für viele werdende Mütter gerade die ersten drei Monate der Schwangerschaft besonders belastend. Das liegt daran, dass sich der Körper auf die neue Situation erst einmal einstellen muss: Der Beginn der Schwangerschaft ist eine Zeit der psychischen, hormonellen und energetischen Umstellung. Fast jede Frau hegt in dieser Zeit gewisse Ängste und Unsicherheiten: Wie wird sich mein Leben durch die Schwangerschaft und das Kind verändern? Werde ich mit der neuen Situation klarkommen? Solche Fragen stellen sich fast automatisch – ganz gleich, ob es sich nun um ein heiß ersehntes Wunschkind handelt oder um eine ungeplante Schwangerschaft.

Aber auch die körperliche Umstellung in den ersten drei Monaten der Schwangerschaft ist enorm. Etwa sieben Tage nach der Befruchtung nistet sich die Eizelle in der Gebärmutter ein, und schon nach 28 bis 30 Tagen beginnt das Herz des Embryos zu schlagen; der Kopf ist dann zumindest im Umriss zu erkennen. Die Arme und Beine sehen noch eher knospenartig aus. In der siebten bis achten Woche hat sich im Körper der Frau eine Fruchtblase gebildet, in der das Kind bis zum Ende der Schwangerschaft gut geschützt heranwächst. Auch die Plazenta (Mutterkuchen), die die Ernährung und Sauerstoffversorgung des Embryos gewährleistet, ist schon entstanden.

Das Kind ist mittlerweile zwei bis drei Zentimeter lang, und alle inneren Organe sind bereits angelegt. Auch die Sinnesorgane bilden sich, ebenso wie winzige Muskeln, die zu arbeiten beginnen. Nach zwölf Wochen ist das Kind schon neun Zentimeter lang und wiegt etwa 35 Gramm. Jetzt entwickeln sich die Finger- und Zehennägel sowie die äußeren Geschlechtsmerkmale. Allein aufgrund dieser enormen Entwicklung, die natürlich mit einer bedeutenden Veränderung des Hormonhaushalts einhergeht, ist es nicht verwunderlich, dass viele schwangere Frauen in den ersten Monaten unter diversen Umstellungsschwierigkeiten zu leiden haben.

Aus energetischer Sicht kommt noch eine weitere Besonderheit hinzu: Schon vom Zeitpunkt der Befruchtung an besteht bei einer schwangeren Frau ein erhöhter Energiebedarf im Konzeptionsgefäß – genauer gesagt zwischen dem Anfangspunkt und dem sechsten Akupunkturpunkt des Konzeptionsgefäßes. Der letztere Punkt, auch »Meer der Energie« genannt, liegt knapp unterhalb des Nabels und steht in direkter Beziehung zum Uterus bzw. zur Plazenta. Treten Schwangerschaftsbeschwerden auf, so ist gerade an diesem Punkt oft ein deutlicher Energiemangel feststellbar. Dabei versucht der mütterliche Organismus ohnehin, das werdende Kind optimal zu versorgen: Der erhöhte Energiebedarf im Unterbauch wird dadurch gedeckt, dass den Organen, die unter anderem vom Konzeptionsgefäß energetisch versorgt werden, Energie entzogen wird.

Übelkeit und Erbrechen

Für Übelkeit und Erbrechen, die vor allem während der ersten Schwangerschaftsmonate auftreten, gibt es aus energetischer Sicht eine relativ einfache Erklärung: Wenn eine schwangere Frau eine Mahlzeit zu sich nimmt, die möglicherweise auch noch recht üppig und schwer ist, besteht natürlich für die Verdauung ein erhöhter Energiebedarf. Das ist insofern ein Problem, als sowohl Gebärmutter wie auch Magen vom Konzeptionsgefäß energetisch mit versorgt werden. Um also eine Überlastung des Energiekreislaufs zu vermeiden und die optimale Versorgung des Kindes – die naturgemäß in jedem Fall Vorrang hat – zu gewährleisten, gibt der Magen die Nahrung wieder von sich.

Viele Frauen leiden aber auch schon morgens beim Aufstehen unter Übelkeit und Erbrechen. Da die Geruchsempfindlichkeit während der Schwangerschaft deutlich gesteigert ist, können sie oft nicht einmal den Geruch von Speisen ertragen. Manche Ärzte vermuten hinter (morgendlicher) Übelkeit und Erbrechen vorwiegend psychische Ursachen. Für den APM-Therapeuten steht hingegen ein anderer Gedanke im Vordergrund: Morgens zwischen sieben und neun Uhr hat der Magenmeridian seine Maximalzeit. Möglicherweise hängt die morgendliche Übelkeit also auch damit zusammen, dass dem Magen zu diesem Zeitpunkt aufgrund der Schwangerschaft zu wenig Energie zur Verfügung steht.

Ungewohnte Vorlieben

Genau wie die Abneigung gegen bestimmte Speisen, Getränke und Gerüche kennen viele Frauen zu Beginn einer Schwangerschaft auch den plötzlichen Heißhunger auf bestimmte Nahrungsmittel. In der Regel weiß der Körper einer Schwangeren selbst sehr genau, was für ihn gut und weniger gut ist. Das soll aber nicht heißen, dass ein Verlangen zum Beispiel nach Süßem unbedingt den Verzehr von täglich einer Tafel Schokolade zur Folge haben muss. Lieber sollte man den Körper mit hochwertigem Getreide oder süßem (Trocken-)Obst versorgen. Gerade in der chinesischen Medizin werden Krankheiten oder Beschwerden oft einzig und allein mit richtiger Ernährung behandelt.

Rücken- und Kreuzbeinbeschwerden

Auch wenn ein Kind zu Beginn einer Schwangerschaft noch so klein ist und kaum etwas wiegt, haben viele Frauen schon zu diesem Zeitpunkt Rückenprobleme oder gar -schmerzen. Die sich später verändernde Statik der Wirbelsäule spielt hier zwar noch keine Rolle; bei vielen Frauen ist die Gebärmutter allerdings schon in Richtung Kreuzbein verlagert. Durch die Gewichtszunahme der Gebärmutter und das Wachstum des Kindes entsteht nun ein starker Druck von innen gegen das Kreuzbein.

Der Kleine Kreislauf

Alle Beschwerden, die bisher beschrieben wurden, und andere Schwangerschaftsbeschwerden sind aus energetischer Sicht auf eine Energiefluss-Störung vor allem im Verlauf des Konzeptions- und Gouverneurgefäßes zurückzuführen. Durch die Therapie des Kleinen Kreislaufs (siehe Seite 148) erhält der Organismus jedoch eine wertvolle Hilfestellung, um seinen Energiefluss zu harmonisieren, den Unterleib optimal mit der nötigen Energie zu versorgen und Störungen im gesamten Energiekreislauf zu beseitigen.

Die mittleren Monate

Der vierte bis siebte Schwangerschaftsmonat ist für die werdende Mutter normalerweise die angenehmste Zeit der Schwangerschaft. Die Anfangsbeschwerden haben nachgelassen, und die beschwerliche Zeit kurz vor der Geburt lässt noch eine Weile auf sich warten. Für das Baby ist es die Zeit des größten Wachstums, weshalb die Schwangerschaft nach außen hin auch schon deutlich zu sehen ist.

Die Entwicklung des Kindes

Im vierten bis fünften Monat hat die Gebärmutter meist schon den Nabel erreicht. Auch wenn sich das Kind schon in der 15. Woche selbstständig bewegt, kann die Mutter erst von etwa der 20. Schwangerschaftswoche an seine Bewegungen deutlich spüren. Die Muskulatur des Babys bildet sich und muss ständig trainiert werden. Gleichzeitig beginnt die Reifung des Nervensystems, das alle Wahrnehmungen, Empfindungen und Bewegungen steuert. Die Herztöne können deutlich gehört und auch die Gesichtszüge gut erkannt werden.

Nach sechs bis sieben Schwangerschaftsmonaten ist das Kind im Prinzip so gut wie »fertig«. Es wächst aber weiterhin sehr schnell und legt deutlich an Gewicht zu; außerdem hat es Schlaf- und Wachphasen, die für die Mutter meist deutlich spürbar sind. Sein Gewicht beträgt nun zwischen 1000 und 1500 Gramm. Jetzt kommt es wie zu Beginn der Schwangerschaft wieder vermehrt zu Beschwerden, denn durch das größer werdende Kind werden die Organe der Frau belastet und haben gleichzeitig immer weniger Platz, um ihre Funktion optimal auszuführen. Deshalb leiden viele Frauen nun vermehrt unter Sodbrennen und Verdauungsstörungen.

Besonders Frauen, die schon ein oder mehrere Kinder geboren haben, haben so genannte Senkungsbeschwerden. Bei ihnen ist die Beckenbodenmuskulatur (die Muskulatur, die das Becken nach unten abschließt) nicht mehr so straff wie bei einer Erstgebärenden. Durch eine spezielle Beckenbodengymnastik und natürlich durch Akupunkt-Massage (die je nach Tagesbefund variieren kann) lassen sich diese Beschwerden jedoch sehr gut behandeln. Auf diese Weise wird auch die vermehrte Energieversorgung, die bei einer Schwangeren besonders wichtig ist, sichergestellt.

Manchmal kommt es in diesem Stadium der Schwangerschaft auch schon zu leichten Wehen, die aber normalerweise wieder verschwinden und keine Vorboten der Geburt sind.

Rückenschmerzen und statische Probleme

Durch das Wachstum des Babys und die damit verbundene Gewichtszunahme der Mutter werden die Wirbelsäule und die unteren Bandscheiben der Schwangeren stärker als sonst belastet. Die physiologische Lendenwirbel-Lordose verstärkt sich, sodass sich zwangsläufig auch die gesamte Statik verändert. Bei vielen Schwangeren treten nun Rückenschmerzen auf; es kann aber auch zu funktionellen Störungen von Organen und Organsystemen kommen, und zwar aus folgendem Grund: Auf dem inneren Ast des Blasenmeridians, der neben der Wirbelsäule verläuft, befinden sich die Zustimmungspunkte, die zusammen mit dem Meridian und jeweils einem bestimmten Organ eine energetische Einheit, gleichsam einen Schaltkreis, bilden. Der Zustimmungspunkt der Nieren beispielsweise liegt zwischen dem zweiten und dritten Lendenwirbel und der Zustimmungspunkt des Magens zwischen dem zwölften Brustwirbel und dem ersten Lendenwirbel. Wenn eine Schwangere also die typische Hohlkreuzhaltung einnimmt, kann sich das auf die Nieren und/oder den Magen auswirken und damit entsprechende funktionelle Störungen verursachen.

Normalerweise würde man in einem solchen Fall als Behandlungsmaßnahme eine Spannungsausgleichmassage wählen, die eine Energieverlagerung vom Yin ins Yang oder umgekehrt bewirkt.

> Bei Risikoschwangerschaften oder in den ersten drei Schwangerschaftsmonaten ist eine Spannungsausgleichmassage zu vermeiden. Eine derart massive Energieverlagerung führt nämlich oft zu Begleiterscheinungen, die in diesem Fall nicht erwünscht sind: Übelkeit, Erbrechen, Schüttelfrost etc. Im Extremfall könnte sogar eine Fehlgeburt die Folge sein.

Anstelle einer Spannungsausgleichmassage ist bei Rückenproblemen in der Schwangerschaft also eine andere Behandlungsstrategie zu wählen: der Kleine Kreislauf. Zusätzlich kann der

APM-Therapeut alle Terminalpunkte an den Händen und Füßen massieren oder eine Behandlung der vorzüglichen Punkte wählen. Auf diese Weise wird der Energiefluss in den Meridianen verbessert, ohne dass es zu größeren Energieverlagerungen kommt.

Die letzten drei Monate

Eigentlich ist die Entwicklung des Kindes im siebten Monat schon abgeschlossen. Würde es zu einer Frühgeburt kommen, so wäre das Kind durchaus lebensfähig und hätte dank schulmedizinischer Fortschritte heutzutage gute Chancen. Wirklich optimale Bedingungen findet das Kind allerdings zu diesem Zeitpunkt nur im Mutterleib vor. Es wächst und nimmt regelmäßig zu, sodass es von Tag zu Tag kräftiger wird. Die Sinnesorgane reifen noch weiter, und die Lunge bildet sich immer kräftiger aus: Schließlich muss sie, sobald das Kind geboren ist, sofort voll funktionsfähig sein. Mit der Zeit hat das Kind auch immer weniger Platz, um sich zu bewegen und, wie vorher, regelrechte Purzelbäume zu schlagen. Es nimmt nun allmählich die Lage ein, die für die Geburt die günstigste ist: Der Kopf senkt sich nach unten. Unter Umständen, zum Beispiel wenn es durch die Nabelschnur behindert wird, kann es bis zur Geburt aber auch in einer anderen Lage verbleiben.

Viele Probleme – eine Ursache

Es gibt eine ganze Reihe von Schwangerschaftsbeschwerden, die sich im Prinzip allesamt auf eine einzige Ursache zurückführen lassen: eine Energiefluss-Störung im Bereich der beiden gekoppelten Meridiane von Blase und Nieren.

Der Blasenmeridian beginnt am inneren Augenwinkel, zieht im Abstand von zwei Querfingern seitlich des Gouverneurgefäßes über den Kopf und teilt sich im Bereich des siebten Halswirbels in einen äußeren und inneren Ast: Der äußere läuft am inneren Schulterblattrand vorbei abwärts über das Gesäß bis zur

Außenseite der kleinen Zehe, der innere zieht sich im Abstand von zwei Querfingern seitlich des Gouverneurgefäßes zum Kreuzbein und über das Kreuz-Darmbein-Gelenk hinab. Der Blasen-Meridian versorgt damit nicht nur die gesamte Rückenmuskulatur und die Nervenaustrittspunkte der Wirbelsäulennerven, sondern auch die Kreuz-Darmbein-Gelenke und den Ischiasnerv mit Energie.

Am Fuß geht die Energie vom Blasenmeridian in den Nierenmeridian über. Von hier zieht der Nierenmeridian über die Wa-

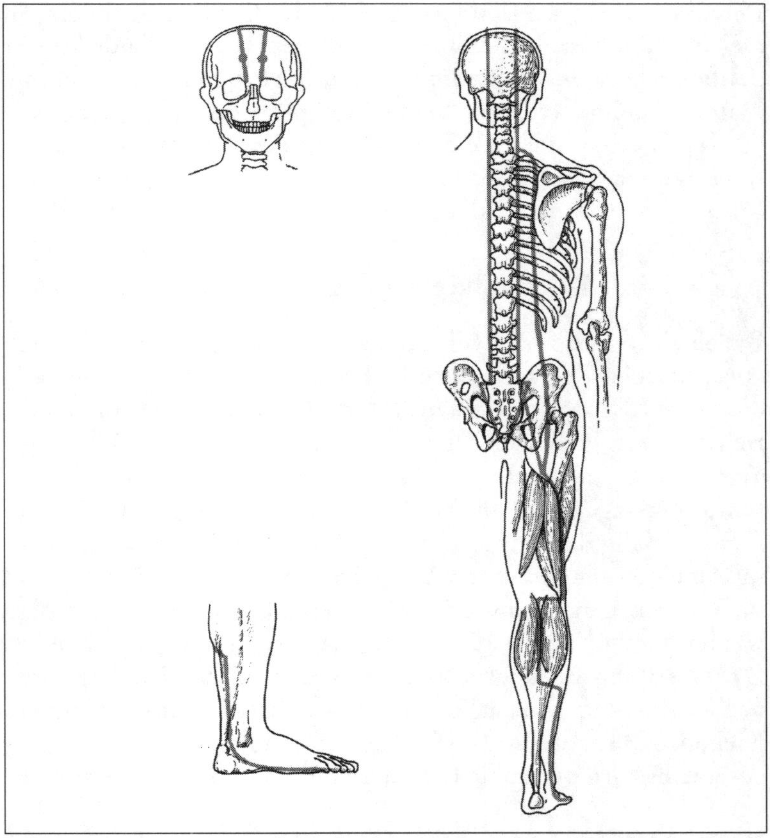

Abb. 18: Der Blasenmeridian spielt bei vielen Schwangerschaftsbeschwerden eine Rolle.

den- und Oberschenkelinnenseite aufwärts und im Abstand von zwei Querfingern entlang des Konzeptionsgefäßes bis zum Gelenk zwischen Brustbein und Schlüsselbein, dem Sternoclavicular-Gelenk.

Im Wesentlichen sind zwei Ursachen für ein energetisches Ungleichgewicht zwischen den beiden gekoppelten Meridianen Blase und Nieren verantwortlich: Entweder liegt eine Blockade im Kreuz-Darmbein-Gelenk vor und/oder eine Narbe. Da der Nierenmeridian für die energetische Versorgung des Unterleibs mit verantwortlich ist, macht sich ein Energiemangel in diesem Bereich natürlich besonders stark bemerkbar: Je nachdem, in welchem Stadium der Schwangerschaft sich die werdende Mutter befindet, können Rückenschmerzen, Ischialgien, Verstopfung, Hämorrhoiden, Ödeme, Wadenkrämpfe oder Schlafprobleme auftreten. Aber auch die Entwicklung des Kindes kann beeinträchtigt werden, was sich durch geringe Kindsbewegungen, Wachstumsstörungen oder Lageanomalien bemerkbar macht.

Behandlung bei Lageanomalien

Bei einer Lageanomalie wird der APM-Therapeut zunächst den energetischen Zustand im Verlauf von Blasen- und Nierenmeridian ermitteln. Nach diesem Befund wird er die Therapie ausrichten, das heißt, er wird die Patientin in den Meridianabschnitten behandeln, in denen Energieleere besteht. Durch sanfte Massage mit dem APM-Stäbchen oder auch nur mit der Hand entlang der entsprechenden Abschnitte bewirkt der Therapeut einen energetischen Ausgleich zwischen dem Blasen- und Nierenmeridian. Auf diese Weise erhält der Nierenmeridian wieder genug Energie für die optimale Versorgung des Kindes. Daher kommt es nicht selten vor, dass sich das Kind spontan nach dem energetischen Ausgleich und der Harmonisierung des Kleinen Kreislaufs in die richtige Geburtslage dreht – vorausgesetzt, es wird durch die Lage der Nabelschnur nicht behindert.

Einmal kam eine Schwangere wenige Wochen vor dem berechneten Entbindungstermin in meine Praxis: Das Baby befand sich in Steißlage, sodass ein Kaiserschnitt unumgänglich schien. Nach einigen Behandlungsterminen glückte das vermeintlich Unmögliche: Das Baby vollführte einen regelrechten Salto, lag jetzt mit dem Kopf nach unten in der richtigen Position und kam wenige Tage später gesund und ohne Probleme auf die Welt.

Blockaden im Kreuz-Darmbein-Gelenk

Viele Patientinnen, die eine Kreuz-Darmbein-Blockade haben, bekommen erst im Verlauf der Schwangerschaft – bedingt durch die veränderte Statik und durch ein energetisches Ungleichgewicht im Blasen- und Nierenmeridian – entsprechende Beschwerden. Durch eine KDG-Blockade kann sich der Durchmesser des kleinen Beckens (darunter versteht man den Beckenausgang nach unten) um bis zu zwei Zentimeter verringern. Das spielt durchaus eine Rolle, denn diese zwei Zentimeter können für den Geburtsverlauf entscheidend sein; schließlich muss der Kopf des Kindes diesen Kanal passieren. Auch hier ist also ein energetischer Ausgleich zwischen Blasen- und Nierenmeridian, in diesem Fall unterstützt durch eine bestimmte Atemtechnik, angezeigt. Allein diese Maßnahme kann ausreichen, um bei einer Schwangeren die KDG-Blockade zu lösen.

Von einer chiropraktischen Behandlung ist hier dagegen unter allen Umständen abzuraten; sie könnte schlimmstenfalls zu einer Fehlgeburt führen.

Vorbereitung auf die Geburt

Je näher der Geburtstermin rückt, desto wichtiger ist es, den Übergang vom Gouverneur- zum Konzeptionsgefäß (das ist im Wesentlichen der Damm) regelmäßig energetisch zu pflegen. Massieren Sie mehrmals täglich den Damm, zum Beispiel mit der APM-Creme. Der Therapeut kann seinerseits den Energiefluss unterstützen, indem er Sie nun möglichst täglich behandelt: Dabei zieht er mit dem APM-Stäbchen entweder den Kleinen Kreislauf oder den verkürzten Kleinen Kreislauf. Letzterer ist, wie der Name schon sagt, eine Abkürzung des Kleinen Kreislaufs, denn hier wird nur der untere Körperbereich bis zu einer Linie knapp oberhalb des Nabels, dem Gürtelgefäß, behandelt.

Den verkürzten Kleinen Kreislauf selbst zu ziehen ist für eine Schwangere vermutlich etwas mühsam, da manche Körperstellen für sie schwer zu erreichen sind. Sie kann aber den Verlauf, ähnlich wie beim autogenen Training, mental nachspüren. Eine andere Möglichkeit ist, dass der Partner oder eine andere Person diese Behandlung übernimmt, wobei es empfehlenswert ist, sich die genaue Vorgehensweise erst einmal vom Therapeuten zeigen zu lassen.

Partnerbehandlung: Der verkürzte Kleine Kreislauf

Die Schwangere liegt auf der Seite. Nun ziehen Sie mit den mittleren drei Fingern der flachen Hand vom Schambein aufwärts in Richtung Nabel. Umkreisen Sie den Nabel nacheinander auf beiden Seiten; wenn Sie ein kleines Stück oberhalb des Nabels angekommen sind, ziehen Sie entlang einer gedachten Gürtellinie nach hinten zur Wirbelsäule, und zwar wieder nacheinander auf beiden Seiten. Von hier ziehen Sie auf der Wirbelsäule abwärts in Richtung Steißbein und rechts und links seitlich des Analspalts durch den Schritt zum Ausgangspunkt (Schambein).

Den verkürzten Kleinen Kreislauf können Sie mehrere Male ziehen, bis der Bereich optimal mit Energie versorgt ist. Das merken Sie an der roten Hautschrift, die sich nach einiger Zeit entlang der gezogenen Linien abzeichnet.

Je näher der Geburtstermin rückt, desto mehr wird man sich anstelle des Kleinen Kreislaufs auf den verkürzten Kleinen Kreislauf konzentrieren. Er hat insofern eine besondere Bedeutung, als er gerade die Körperpartien mit Energie versorgt, die während der Geburt Höchstleistungen erbringen müssen. Vor allem der Damm muss im Verlauf der Geburt energetisch gut versorgt sein, damit er sich besser dehnen kann und nicht so leicht einreißt.

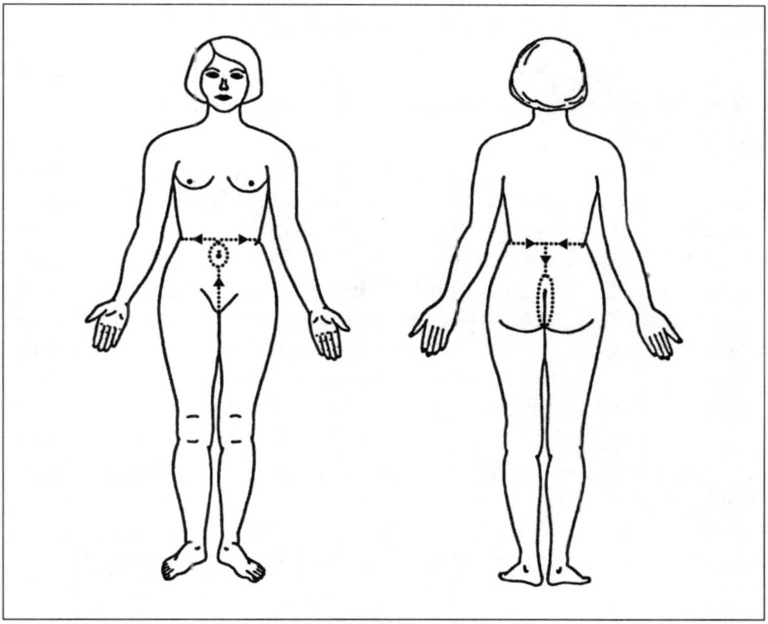

Abb. 19: Der verkürzte Kleine Kreislauf zur Vorbereitung auf die Geburt.

Akupunkt-Massage zur Prophylaxe

Auch wenn Ihre Schwangerschaft völlig normal, das heißt ohne jegliche Komplikation, verläuft, ist eine regelmäßige APM-Behandlung zu empfehlen, denn sie steigert das Wohlbefinden und erleichtert in vielen Fällen auch die Geburt. In den ersten Schwangerschaftsmonaten sollten Sie etwa alle 14 Tage zur Behandlung gehen. Gegen Ende der Schwangerschaft können die Abstände dann immer kürzer werden. In der letzten Schwangerschaftswoche ist sogar eine tägliche Behandlung empfehlenswert.

Wer also, wie empfohlen, im Verlauf der Schwangerschaft regelmäßig zur Akupunkt-Massage geht, kann damit rechnen, dass die Geburt tatsächlich schneller und schonender verläuft. Auch der meist übliche Dammschnitt erübrigt sich in vielen Fällen.

Partnerbehandlung: Der Kleine Kreislauf

Auch den Kleinen Kreislauf kann der werdende Vater (wenn möglich nach Anleitung des Therapeuten) erlernen. Hier der genaue Verlauf:

Die Schwangere liegt auf der Seite. Sie beginnen auch hier beim Schambein und ziehen auf der Körpermittellinie aufwärts – wobei Sie den Nabel rechts und links umrunden – bis unter die Unterlippe. Hier endet das Konzeptionsgefäß. Nun umrunden Sie die Lippen und fahren auf dem Gouverneurgefäß weiter über die Nase und den Kopf (Mittellinie) nach hinten. Auf der Wirbelsäule geht es nun abwärts in Richtung Steißbein und auf beiden Seiten des Analspalts durch den Schritt zum Ausgangspunkt (Schambeinfuge).

Diese Behandlung ist während der gesamten Schwangerschaft in regelmäßigen Abständen (je nach Bedarf und Möglichkeit einmal täglich bis einmal wöchentlich) zu empfehlen. Auch diese Anwendung wird mehrmals wiederholt. Normalerweise wird die Schwangere selbst sagen, wann es nach ihrem Empfinden genug ist.

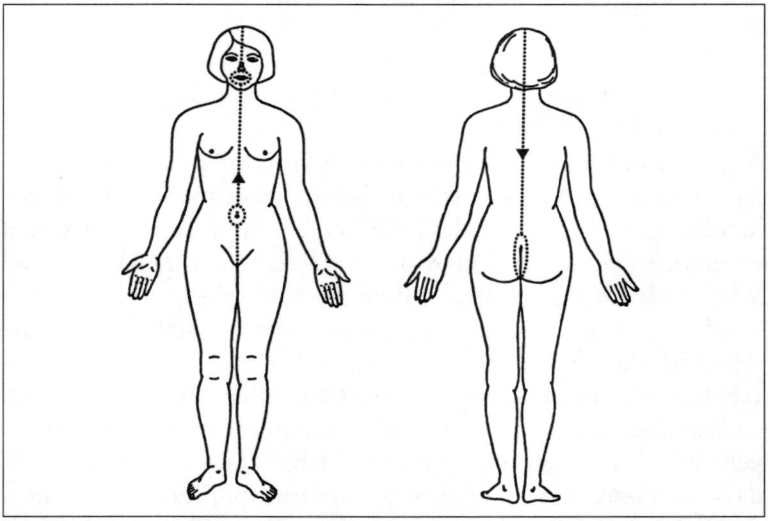

Abb. 20: Eine wohltuende Anwendung während der gesamten Schwangerschaft: der Kleine Kreislauf.

Nach der Entbindung

Sie können sich darauf einstellen, dass nach einer leichteren Entbindung aufgrund der guten energetischen Versorgung auch die Erholungsphase nach der Geburt, das heißt die Rückbildung und Normalisierung des Körpers, schneller vorangeht.

Falls die Entbindung dennoch komplizierter als erwartet und ein Kaiserschnitt nicht zu vermeiden war, steht eine entsprechende Narbenbehandlung an. Sobald die Wunde geschlossen ist, sollten Sie die Narbe regelmäßig massieren. Vergessen Sie auch nicht, zu gegebener Zeit zum APM-Therapeuten zu gehen und die Narbe überprüfen und wenn nötig entstören zu lassen.

Sanfte Behandlung für das Baby

Auch für die Mutter lohnt es sich, den Kleinen Kreislauf zu erlernen. Als sanfte Babymassage eignet sich diese Maßnahme hervorragend, um den Säugling optimal energetisch zu versorgen. Wenn Ihr Kind zum Beispiel nicht richtig trinkt, wenn es Blähungen oder Probleme mit der Verdauung hat, können Sie es mit dem Kleinen Kreislauf behandeln. Da der Körper des Kindes noch so klein ist, ziehen Sie den Kreislauf natürlich nur mit einem Finger, und zwar genau so, wie es oben in der Partnerübung beschrieben ist.

Erfahrungsbericht einer Mutter

Wie wirksam eine Schwangerschaftsbegleitung mit der Akupunkt-Massage sein kann, bestätigt der Bericht einer Mutter, die regelmäßig in meine Praxis zur Behandlung kam und ihre Erfahrungen folgendermaßen zusammenfasste:

»Ich bin 39 Jahre alt und habe vier Kinder im Alter von elf, neun, vier und zwei Jahren. Bei allen vier Schwangerschaften hatte ich vorzeitige Wehen (etwa ab der 16. Woche), der Muttermund war ebenfalls vorzeitig geöffnet. Zusätzlich litt ich bei den zwei jün-

geren Kindern unter massivem Schwangerschaftsdurchfall, der die Wehen verstärkte. Bei den ersten beiden Kindern wurde die Schwangerschaft durch Medikamente, Krankenhausaufenthalte und strenge Bettruhe erhalten. Die Entbindungen erfolgten im Krankenhaus. Da ich die wehenhemmenden Medikamente nicht vertrug (Erbrechen, Herzrasen) und mit dem autoritären, überheblichen Verhalten der Ärzte (nicht der Hebammen!) nicht einverstanden war, suchte ich bei der dritten Schwangerschaft nach einem anderen, selbstbestimmten Weg, meinem Kind auf die Welt zu helfen.
Nach reiflicher Überlegung entschloss ich mich zu einer Hausgeburt. Meine Hebamme, die mich bei der Schwangerschaft und Geburt begleitete, empfahl mir Akupunkt-Massage zur Hemmung der vorzeitigen Wehen. Diese Art von Therapie war mir völlig unbekannt. Dennoch wollte ich die Behandlung versuchen, denn eine konventionelle, medikamentöse Wehenhemmung kam für mich nicht mehr in Frage. Über den Internationalen Therapeutenverband nach Penzel e. V. fand ich eine Therapeutin in meiner Nähe. Skeptisch, aber dennoch hoffnungsvoll machte ich den ersten Termin aus.
Schon bei der ersten Behandlung wurde ich von der Wirksamkeit der Akupunkt-Massage überzeugt. Sobald die Therapeutin behutsam die für meinen ›Fall‹ wichtigen Meridiane entlangstrich, entwickelte mein kleines Baby einen ausgesprochenen Bewegungsdrang. Man sah, es tat ihm gut. Ich hatte in den folgenden Monaten etwa zwei Sitzungen in der Woche. Ich nahm keinerlei wehenhemmende Mittel. In der 39. Schwangerschaftswoche kam mein dritter Sohn kerngesund bei uns zu Hause auf die Welt.
Die vierte Schwangerschaft glich der vorausgegangenen: Wehen ab etwa der 20. Schwangerschaftswoche und Schwangerschaftsdurchfall. Sofort meldete ich mich bei ›meiner‹ APM-Therapeutin an. Die persönliche, verständnisvolle Zuwendung zusammen mit einer für mich optimierten Akupunkt-Massage halfen mir und meiner ungeborenen Tochter durch eine schwere Zeit. Auch sie durften wir gesund und munter termingerecht im Kreis unserer Familie begrüßen.«

Aus der Praxis einer Hebamme

Waltraud Gebhard-Koch ist Hebamme in Schwabach und hat die positiven Auswirkungen einer Schwangerschaftsbegleitung mit Akupunkt-Massage schon bei vielen werdenden Müttern erlebt, wie die folgenden Beispiele aus ihrer Arbeit mit Schwangeren und Müttern belegen.

Optimale Behandlungsabstände bei Übelkeit

Wie allgemein bekannt, leiden viele Frauen in den ersten Monaten der Schwangerschaft unter Übelkeit und Erbrechen. In solchen Fällen hat sich eine Behandlung des Kleinen Kreislaufs dreimal in der Woche bewährt. Denn normalerweise verschwindet die Übelkeit unmittelbar während oder nach der Behandlung, und dieser positive Effekt hält etwa zwei Tage lang vor.

Plazenta-Insuffizienz

Wenn eine Plazenta-Insuffizienz vorliegt, wird der Fötus im Mutterleib aufgrund einer mangelhaften Funktion der Plazenta nicht ausreichend versorgt und wächst deshalb zu wenig. Auch hier hat die Akupunkt-Massage schon Erfolge erzielt. Durch die Tiefenentspannung, die eine energetische Behandlung bewirkt, wird die Mutter ruhiger und ausgeglichener, was unter anderem eine bessere Durchblutung zur Folge hat. Auf diese Weise kamen etliche Babys nach einer APM-Behandlung der Mutter zwar immer noch untergewichtig, jedoch gesund und ohne Atemprobleme zur Welt.

Querlage des Kindes

Auch von erfolgreicher APM-Behandlung bei Lageanomalien kann Waltraud Gebhard-Koch berichten: In einem besonders interessanten Fall lag das Baby vier Wochen vor dem Geburtstermin in Querlage, und zwar mit dem Kopf nach rechts und dem

Rücken nach unten. Für die richtige Geburtslage (mit dem Kopf nach unten) war also eine Drehung um 270 Grad erforderlich. Die Aussichten dafür waren denkbar gering. Dennoch brachte die Akupunkt-Massage den erhofften Erfolg. Nach einer Behandlung drehte sich das Kind um 90 Grad in Becken-Endlage, nach der nächsten Behandlung um weitere 180 Grad in die optimale Geburtsposition.

Heilsame Streicheleinheiten

Schwangere Frauen, die unter Dauerstress stehen, etwa weil sie schon ein oder mehrere Kinder zu versorgen haben, beruflich überlastet sind oder ihre Schwangerschaft als sehr beschwerlich empfinden, sprechen besonders gut auf eine APM-Behandlung (Kleiner Kreislauf, Massage der Übergänge an Händen und Füßen) an. Durch die APM-Behandlung erfährt die werdende Mutter die Zuwendung, die sie braucht und die ihr gut tut.

Babymassage: Noch einmal anders

Nach Anleitung des APM-Therapeuten kann die junge Mutter (oder der Vater) auch noch eine andere Form der Akupunkt-Massage für das Baby erlernen. Es handelt sich hier im Prinzip um nichts anderes als um Yin-Striche: Mit dem Zeigefinger beginnt man an der Innenseite des großen Zehs des Babys, fährt über den Innenknöchel aufwärts zum Innenknie, dann über die Innenseite des Oberschenkels weiter über die entsprechende Körperseite hinauf bis zur Schulter; von dort streicht man über die Innenseite des Arms zur Handinnenfläche und schließlich über die Fingerspitzen hinweg.

Diese Behandlung tut vor allem unruhigen Babys sehr gut, die aufgrund der vielen Sinnesreize, die auf sie einströmen, zu sehr im Yang sind. Auch für Kinder, die abends nicht einschlafen wollen, ist diese Anwendung hervorragend geeignet.

Akupunkt-Massage nach der Geburt

Nach schweren Geburten, die möglicherweise auch noch mit hohem Blutverlust verbunden waren, hat sich eine APM-Behandlung des Großen Kreislaufs bewährt: Hierbei werden alle Meridiane des Körpers zur Anregung des gesamten Energiekreislaufs gezogen. Diese Behandlung ist auch dann sinnvoll, wenn nach der Entbindung beispielsweise ein grippaler Infekt im Anflug ist; sie hilft der jungen Mutter, sich besser zu stabilisieren.

Schluss

Manche Leser mögen nach der Lektüre dieses Buches vielleicht noch immer bedauern, dass die Akupunkt-Massage nach Penzel nicht allzu viele Möglichkeiten für eine Selbstbehandlung bietet. Deshalb sei nochmals auf die erforderliche Eigeninitiative des Patienten hingewiesen: Allein die Notwendigkeit, die eigenen körperlich-geistig-seelischen Reaktionen genau zu beobachten und dem Therapeuten zu melden, kennt man in der Schulmedizin kaum, in der alternativen Medizin dagegen (zum Beispiel auch in der klassischen Homöopathie) sehr gut. Diese intensive Auseinandersetzung mit sich selbst führt bei vielen zu einer bewussteren Lebenseinstellung. Und so mancher Patient entdeckt auf diese Weise immer neue Möglichkeiten, etwas für sich und seine Gesundheit zu tun – abgesehen von den hilfreichen Übungen zur Selbstbehandlung, die natürlich auch die Akupunkt-Massage bereithält.

Nicht zuletzt sei noch einmal auf einige Besonderheiten aufmerksam gemacht: Die Akupunkt-Massage nach Penzel ist eine Therapie gegen den hektischen Zeitgeist, denn sie erfordert Zeit, Ruhe und Selbstbesinnung – etwas, das man sich heutzutage sonst kaum mehr leistet. Sie ist eine Therapie, die sanft berührt und auf diese Weise Zuwendung und Wohlbefinden vermittelt. Und sie ist nicht zuletzt in manchen Fällen selbst da noch erfolgreich, wo andere Behandlungsversuche längst gescheitert sind. In diesem Sinne wünschen wir Ihnen ähnlich gute Erfahrungen mit der Akupunkt-Massage, wie sie zahlreiche Patienten bereits gemacht haben.

Anhang

Glossar

APM-Stäbchen:

Was die Nadel für die Akupunktur, ist das APM-Stäbchen für die Akupunkt-Massage – das wichtigste Instrument des Therapeuten. Mit der feinen Therapiespitze des Stäbchens kann der Therapeut ganze Meridiane bzw. Meridianabschnitte ziehen oder auch einzelne Akupunkturpunkte reizen. Bei bestimmten Anwendungen (zum Beispiel Babymassage oder Yin-Strichen) wird allerdings auf das Stäbchen verzichtet und stattdessen mit der Hand oder der Fingerkuppe therapiert.

Akupunkturpunkte:

Die Traditionelle Chinesische Medizin kennt etwa 360 klassische Akupunkturpunkte, die auf den Meridianen liegen und durch deren Behandlung mit Akupunkturnadeln man den gestörten Energiefluss im Körper wieder ausgleichen kann. Auch die Akupunkt-Massage bezieht die Akupunkturpunkte in die Therapie ein. Von besonderer Bedeutung sind hier vor allem die *vorzüglichen Punkte* (Akupunkturpunkte, die bei ihrer Behandlung eine besondere Wirkung entfalten und deshalb in sehr viele Anwendungen einbezogen werden), die *Terminalpunkte* (die Anfangs- und Endpunkte der Meridiane, durch deren »Schleusenfunktion« die anderen Akupunkturpunkte erst zu ihrer vollen Wirksamkeit gelangen) und die *Zustimmungspunkte* (sie liegen auf dem Blasenmeridian und sind jeweils einem Organ zugeordnet).

Cheops:

Dieses Elektrotherapiegerät entstört Narben, indem es die Narbe und ihr Umfeld so lange unter schwachen Strom setzt, bis die energetische Blockade gelöst ist. Daneben dient der Cheops zur Unterstützung des Energieflusses im einzelnen Meridian und ist auch zur Elektroakupunktur und zur Elektroohrakupunktur geeignet. Man spricht hier vom Therapieren mit Fremdenergie, da man mit dem Cheops nicht nur eigene Energie zum Fließen bringt, sondern auch Fremdenergie zuführt.

Ebbe-Flut-Effekt:
Er tritt häufig zu Beginn einer Behandlungsserie im Anschluss an eine Energieverlagerung durch Spannungsausgleichmassage auf. Es handelt sich um mitunter recht heftige Reaktionen wie Übelkeit, Erbrechen oder Kopfschmerzen oder um eine vorübergehende Verstärkung bestehender Beschwerden. Diese Reaktionen treten in charakteristischer Form auf: Sie verschwinden zunächst, nur um kurz darauf in verstärkter Form zurückzukehren, bis sie dann allmählich abebben. Der Ebbe-Flut-Effekt ist nicht negativ zu werten, denn er kann dem Therapeuten wichtige Hinweise geben. Außerdem zeigt er, dass der Körper auf den gesetzten therapeutischen Reiz anspricht.

Energetischer Befund:
Hier ist zu unterscheiden zwischen dem ausführlichen Erstbefund, der ganz am Anfang einer Behandlungsserie steht und eine halbe bis ganze Stunde dauert, und dem Tagesbefund zu Beginn jeder einzelnen Sitzung, der nur wenige Minuten in Anspruch nimmt. In beiden Fällen geht es darum, die Energieverteilung im Körper des Patienten zu prüfen, das heißt herauszufinden, wo Energiefülle bzw. -leere besteht. Erst dann kann eine gezielte Behandlung erfolgen. Zur Befunderhebung stehen dem Therapeuten eine ganze Reihe von Techniken zur Verfügung, zum Beispiel der Probestrich, der Test am Ohr oder die Samt- und Seidestriche.

Energiefluss-Störung:
Sie ist für den APM-Therapeuten die eigentliche und einzige Ursache einer Krankheit oder Fehlfunktion. Danach bestehen Beschwerden und Krankheiten nur deshalb, weil bestimmte Körperstellen mit zu viel oder zu wenig Energie versorgt werden oder weil der Energiefluss an einzelnen Stellen im Körper

blockiert ist. Die Akupunkt-Massage behandelt daher niemals Krankheiten, sondern immer nur Energiefluss-Störungen.

Energiekreislauf:
In einem gesunden Körper durchflutet die Lebensenergie (Qi) in einem ganz bestimmten Rhythmus sämtliche Meridiane. Jeder Meridian erhält auf diese Weise zu einer festgelegten Tageszeit sein Energiemaximum. Der APM-Therapeut kann diesen Kreislauf nachvollziehen, indem er alle Meridiane des Körpers in genau derselben Reihenfolge zieht *(→ Großer Kreislauf)*.
Der Energiekreislauf kann im Rahmen einer Behandlung aber auch in verschiedene Einheiten unterteilt werden. Bei einer → *Spannungsausgleichmassage* wird er zweigeteilt, das heißt meistens in die beiden energetischen Komponenten von → *Yang und Yin* zerlegt. Die Arbeit über → *Umläufe* bedeutet eine Dreiteilung des Energiekreislaufs. Stellt man einen Energieausgleich zwischen → *Gekoppelten Meridianen* her, so wird der Energiekreislauf dadurch in sechs Abschnitte zerlegt. Die Arbeit an einzelnen Meridianen *(→ Regenwurm-Effekt)* bedeutet schließlich eine Zwölfteilung des Energiekreislaufs.

Energiestern:
Dieses Schema liefert dem APM-Therapeuten einen raschen Überblick über bestimmte Regeln, die sich von der chinesischen Energielehre ableiten und im individuellen Fall für die Wahl der jeweiligen Behandlungsmethode von Bedeutung sein können.

Fünf Elemente (Wandlungsphasen):
Die Lehre von den fünf Elementen oder Wandlungsphasen ist neben der Yin-Yang-Theorie eine wichtige Grundlage der Traditionellen Chinesischen Medizin. Es handelt sich um eine Assoziationslehre, die auf fünf Symbolen beruht: Holz, Feuer, Erde, Metall und Wasser. In einer bestimmten Reihenfolge angeordnet, ergeben diese fünf Symbole (Elemente) einen Kreislauf. Werden die fünf Elemente durch andere Symbole ersetzt, so stehen diese Symbole in ähnlicher Beziehung zueinander wie die Elemente selbst.

Fülle und Leere:
Gemeint ist ein Zuviel und ein Zuwenig an Energie in den Meridianen – ein energetisches Ungleichgewicht, das den Menschen krank macht. Dieses Ungleichgewicht kann durch äußere Einflüsse, wie zum Beispiel durch falsche Ernährung, Verletzung oder psychische Belastung, verursacht werden, es kann aber auch durch Störfelder im Körper selbst entstehen, zum Beispiel aufgrund von Narben.

Gekoppelte Meridiane:
Es handelt sich hierbei um die kleinste energetische Funktionseinheit. Sie besteht aus jeweils einem Yin- und einem Yang-Meridian. Als gekoppelt werden sie zum einen deshalb bezeichnet, weil sie im Energiekreislauf unmittelbar aufeinander folgen – auf dem Energiestern also nebeneinander abgebildet sind. Zum anderen gehören gekoppelte Meridiane jeweils demselben Element (Wandlungsphase) an.

Großer Kreislauf:
Wenn der Therapeut mit dem APM-Stäbchen alle Meridiane des Körpers in Energieflussrichtung zieht, nennt man das den Großen Kreislauf. Damit bezweckt er eine Anregung des gesamten Energieflusses.

Gouverneurgefäß:
Es gehört – neben dem → *Konzeptionsgefäß* – zu den beiden übergeordneten Gefäßen/Meridianen. Ganz allgemein kann man Gefäße/Meridiane als Leitbahnen bezeichnen, deren Aufgabe darin besteht, Energie zu leiten und zu verteilen und, soweit erforderlich, den Energiefluss zu regulieren. Das Gouverneurgefäß verläuft von der Oberlippe zur Steißbeinspitze (in der Akupunkturlehre wird der Verlauf in umgekehrter Richtung beschrieben).

Kleiner Kreislauf:
Der Kleine Kreislauf ist ein geschlossener Energiekreislauf, der vom Konzeptionsgefäß, dem Gouverneurgefäß und ihren jeweiligen rechten und linken Nebengefäßen gebildet wird. Wenn

der APM-Therapeut den Kleinen Kreislauf zieht, behandelt er jedoch meistens nur das Konzeptionsgefäß und das Gouverneurgefäß, wobei er die entsprechenden Übergänge mit einbezieht.

Konzeptionsgefäß:
Es ist, wie das Gouverneurgefäß, ein übergeordnetes Gefäß und verläuft von der Symphyse (Schambeinfuge) bis zur Unterlippe. Das Konzeptionsgefäß spielt in zweifacher Hinsicht eine besondere Rolle: Durch den Probestrich *(→ Energetischer Befund)* gibt es Aufschluss über ein energetisches Ungleichgewicht im → *Yang und Yin.* Bei einer Schwangerschaft, in der immer ein erhöhter Energiebedarf im Unterleib besteht, kommt seiner Energie speichernden und regulierenden Funktion große Bedeutung zu.

Lebensenergie (Qi):
Aus dem Wechselspiel von → *Yang und Yin* geht nach traditioneller chinesischer Vorstellung die Lebensenergie (Qi) hervor, die in allen Dingen und somit auch im menschlichen Organismus fließt. Geraten Yin und Yang im Körper aus dem Gleichgewicht, so ist auch die harmonische Energieverteilung gestört, und es entsteht ein energetisches Ungleichgewicht: Der Mensch fühlt sich unwohl und wird möglicherweise krank.

Meridiane:
Meridiane sind die Leitbahnen im Körper, in denen die Lebensenergie Qi fließt. Weil sie polar angeordnet sind, werden sie mit den Längengraden unserer Erde verglichen – daher der Name Meridiane. Der Begriff selbst stammt allerdings nicht aus der überlieferten chinesischen Medizinlehre, sondern wurde in Europa geprägt. Die Vorstellung von den Energieleitbahnen hingegen ist ein wesentlicher Bestandteil der Traditionellen Chinesischen Medizin. In der Akupunkt-Massage kennt man, wie in der klassischen Akupunkturlehre, zwölf Hauptmeridiane, die jeweils auf beiden Seiten des Körpers anlegt sind. Allerdings werden ihre Verläufe in einzelnen Details abweichend von denen der Akupunkturlehre beschrieben.

Narbenentstörung:
Narben können eine Energiefluss-Störung im Organismus bewirken und damit die Ursache von Krankheiten oder Schmerzen sein. Das Ziel einer Narbenentstörung besteht also darin, den Energiefluss im gesamten Energiekreislauf wieder auszugleichen. Dazu stehen dem Therapeuten verschiedene Instrumente zur Verfügung: das → *APM-Stäbchen,* der → *Ramses* oder der → *Cheops.* Für eine ergänzende und weiterführende Narbenpflege eignet sich die APM-Creme.

Organ:
Dieser Begriff ist im Kontext der östlichen Medizin etwas irreführend, da er nicht, wie in der westlichen Medizin, die physische Struktur und Beschaffenheit eines Körperteils bezeichnet, sondern nur die damit assoziierten Funktionen. In der Traditionellen Chinesischen Medizin wird daher häufig das Synonym Funktionskreis bevorzugt. In der Akupunkt-Massage verwendet man den Begriff »Organ« sowohl im östlichen als auch im westlichen Sinn.

Ramses:
Dies ist ein spezielles Therapiegerät, das gleichmäßige Vibrationsreize abgibt. Damit können Akupunkturpunkte angeregt oder beruhigt werden.

Regenwurm-Effekt:
Ein energetisches Ungleichgewicht kann nicht nur zwischen bestimmten Körperregionen oder Meridiangruppen bestehen. Die Energie kann auch durchaus innerhalb eines einzelnen Meridians ungleichmäßig verteilt sein. Willy Penzel nannte dieses Phänomen den Regenwurm-Effekt. Der Therapeut behandelt in einem solchen Fall nur den energieleeren Abschnitt des Meridians und zieht dadurch Energie aus dem Füllegebiet ab.

Spannungsausgleichmassage:
Wenn der APM-Therapeut eine Spannungsausgleichmassage (SAM) vornimmt, behandelt er den Patienten gewöhnlich nur

auf der Körpervorderseite (Yin-Gebiet) oder nur auf der Körperrückseite (Yang-Gebiet). Auf diese Weise wird ein Energieausgleich zwischen → *Yang und Yin* hergestellt. Besteht eine Energieleere im Yin, so muss der Behandler auf der Körpervorderseite arbeiten; man nennt dies eine SAM ventral. Handelt es sich um eine Energieleere im Yang, so wird auf der Körperrückseite behandelt; man bezeichnet dies als SAM dorsal.
Daneben gibt es noch die SAM oben/unten bzw. rechts/links. Hier wird die Energie von der oberen in die untere Körperhälfte bzw. von rechts nach links oder umgekehrt verlagert.

Übergänge:
Die Meridiane des Körpers folgen nicht unmittelbar aufeinander, das heißt der Endpunkt eines Meridians und der Anfangspunkt des darauf folgenden Meridians berühren sich nicht. Damit ein ungehinderter Energiedurchfluss dennoch möglich ist, sind gewisse Verbindungskanäle, die Übergänge, erforderlich. Sie befinden sich teils an den Händen und Füßen, teils auf dem Kopf und der Brust und müssen in eine APM-Therapie immer mit einbezogen werden. Denn gerade an den Anfangs- und Endpunkten der Meridiane gibt es häufig Überleitungsschwierigkeiten, die unter Umständen zu einer Energiefluss-Störung führen können. Eine Massage der Hände oder Füße hat also beispielsweise den Sinn, die Übergänge wieder leitfähig zu machen.

Umläufe:
Das gesamte Meridiansystem gliedert sich in drei energetische Einheiten, die jeweils aus vier, nämlich zwei Yin- und zwei Yang-Meridianen bestehen: die Umläufe. In jedem Umlauf läuft die Energie einmal um den ganzen Körper, daher der Name. Er besteht aus zwei langen, den Kopf, den Rumpf und die Beine versorgenden, und zwei kurzen, die Arme, die Schultern und den Kopf versorgenden Meridianen. Die Therapie über Umläufe besteht darin, einen Energieausgleich zwischen diesen Einheiten herzustellen.

Wurzel- und Zweigbehandlung:
In der Akupunkt-Massage werden keine Symptome behandelt, sondern deren eigentliche Ursache – die Energiefluss-Störung – therapiert. Entsprechend ist eine APM-Behandlungsserie aufgebaut: An erster Stelle steht eine »Wurzelbehandlung«, bei der entweder der Energiekreislauf insgesamt angeregt (→ *Großer Kreislauf* oder → *Kleiner Kreislauf*) oder ein Energieausgleich zwischen zwei Körperseiten hergestellt wird *(→ Spannungsausgleichmassage).* Erst dann kann eine detailliertere Therapie (»Zweigbehandlung«) erfolgen, die sich mit den eigentlichen Beschwerden des Patienten näher befasst.

Yang und Yin:
Ursprünglich wurde mit Yang die von der Sonne beschienene und mit Yin die im Schatten liegende Seite eines Berges bezeichnet. Nach der chinesischen Weltanschauung lassen sich alle Dinge in Yin und Yang einteilen – in zwei Pole, die in ständigem Austausch miteinander stehen und auf diese Weise eine lebendige, ja sogar lebensnotwendige Spannung erzeugen. Auch der menschliche Organismus unterliegt dem Yin-Yang-Prinzip.

Literatur

Chavanne, Harald: »Akupunkt-Massage nach Penzel – prinzipielle diagnostische und therapeutische Aspekte einer modernen Behandlungsmethode auf klassischen Grundlagen«, in: *Erfahrungsheilkunde,* 1/1996 (Sonderdruck), S. 29–35

Chavanne, Harald: »Das Iliosacralgelenk als Ursache für Beschwerden«, in: *APM-Journal,* 4/2000, S. 15–19

Connelly, Dianne M.: *Traditionelle Akupunktur: Das Gesetz der fünf Elemente,* Heidelberg 1987

Daiker, Ilona, und Barbara Kirschbaum: *Die Heilkunst der Chinesen,* Hamburg 1997

Hempen, Carl-Hermann: *dtv-Atlas zur Akupunktur,* München 1995

Hoffmann, Gisela, und Richard Ebert: *Krank durch Narben – Gesund durch Narbenentstörung und Energieausgleich,* Bietigheim 1993

Kaptchuk, Ted J.: *Das große Buch der chinesischen Medizin,* München 1999

Köhls, Günter: »Akupunkt-Massage nach Penzel«, in: *Dokumentation der besonderen Therapierichtungen und natürlichen Heilweisen in Europa,* Bd. V, 1. Halbband, Lüneburg 1992, S. 549–559

Krause, Ingrid Uta: »Energetische Schwangerschaftsbetreuung mit den Mitteln der Akupunkt-Massage nach Penzel«, in: *Deutsche Hebammen Zeitschrift,* 10/1998, S. 497–501

Krause, Ingrid Uta: »Tinnitus. Behandlung mit der Akupunkt-Massage nach Penzel«, in: *CO'MED,* 12/2000, S. 92–93

Müller, Johannes: »Regenwurmeffekt«, in: *APM-Journal,* 4/1996, S. 9–15

Müller, Johannes: »ISG-Lösen«, in: *APM-Journal,* 2/1997, S. 36–39

Müller, Johannes: »Ortung und Therapie von Akupunkturpunkten«, in: *APM-Journal,* 4/1997, S. 25–31
Müller, Johannes: »Akupunkt-Massage nach Penzel (APM)«, in: *Leitfaden Physiotherapie,* hrsg. v. Bernard Kolster und Gisela Ebelt-Paprotny, München/Jena 1999, S. 200–203
Müller, Johannes: »HWS-Übungen«, in: *APM-Journal* 4/2000, S. 9–13
Ni, Maoshing (Hrsg.): *»Der Gelbe Kaiser«. Das Grundlagenwerk der chinesischen Medizin,* Bern/München/Wien 1998
Niehaus, Dorit: »Akupunkt-Massage nach Penzel«, in: *Natur und Heilen – die Monatszeitschrift für gesundes Leben,* 8/1999, S. 460–469
Penzel, Willy: *Akupunkt-Massage nach Penzel*
Bd. 1: *Spannungs-Ausgleich-Massage,* Heyen ^{6}1988
Bd. 2: *Energielehre,* Heyen ^{7}1992
Bd. 3: *Energetisch-physiologische Behandlung der Wirbelsäule,* Heyen ^{3}1989
Schmincke, Christian: *Heilen mit Traditioneller Chinesischer Medizin,* Augsburg 1998

Bildnachweis

Abb. 1, 2, 3, 4, 6, 7, 8, 9, 14, 15, 16, 17, 18:
Lehrinstitut für Akupunkt-Massage nach Penzel, Heyen

Abb. 11, 19, 20:
Grafik unter Verwendung einer Vorlage des Lehrinstituts für Akupunkt-Massage nach Penzel, Heyen

Abb. 10:
Ulrich Augstein, Großenlüder

Adressen

Internationaler Therapeutenverband AKUPUNKT-MASSAGE nach Penzel e. V.
Willy-Penzel-Platz 1–8
D-37619 Heyen bei Bodenwerder
Tel.: (+49)(0) 55 33 / 97 37-0
Fax: (+49)(0) 55 33 / 97 37-67
Internet: www.apm-penzel.de

APM Zentrum Süd
Donaugasse 12
D-94474 Vilshofen
Tel.: (+49)(0) 85 41 / 91 54 66
Fax: (+49)(0) 85 41 / 91 54 67
E-Mail: mail@apm-sued.de
Internet: www.apm-sued.de

Sektion Österreich
Vorsitzender:
Dr. med. Harald Chavanne
Zahnradbahnstraße 23/14
A-1190 Wien
Tel. in A: 01 / 3 70 46 60
Internet: www.apm-penzel.at

Sektion Schweiz
Vorsitzender:
Sierd Heijers
Trinalischweg 1
CH-7250 Klosters
Tel. in CH: 081 / 422 62 63
Fax in CH: 081 / 422 62 64
E-Mail: sierdapm@bluewin.ch
Internet:
www.apmnachpenzel.ch
Sekretariat:
Frau Susanne Bärlocher
Tel. in CH: 071 / 330 06 60
Fax in CH: 071 / 330 06 61

Register

Zu den Autorinnen

Hildegard Schneider ist ausgebildete Heilpraktikerin, Masseurin und med. Bademeisterin. Die geprüfte Therapeutin in Akupunkt-Massage nach Penzel arbeitet in ihrer eigenen Massage- und Naturheilpraxis in Schwabach mit APM, Kinesiologie (Touch for Health), Traditioneller Chinesischer Medizin und medizinischen Massagen. Zudem ist sie als Assistentin bei Ausbildungskursen am Lehrinstitut für Akupunkt-Massage in Heyen tätig.

Rita Steininger studierte nach einer Sprachenschulausbildung Ethnologie, Politologie, Anthropologie und Humangenetik in München. Nach einer studienbegleitenden Journalistenausbildung arbeitete sie als freie Hörfunk-Journalistin mit den Schwerpunkten Wissenschafts- und medizinische Ratgeberbeiträge. Derzeit ist sie als freie Lektorin und Autorin im Bereich Gesundheits- und Erziehungsratgeber tätig. Sie lebt mit ihrer Familie in München.

John E. Upledger

Auf den inneren Arzt hören

Eine Einführung in die Craniosacral-Therapie

192 Seiten, Pappband, ISBN 3-7205-2497-3

John E. Upledger entwickelte die *Craniosacrale Therapie.* Sie brachte ihm aufgrund des Erfolges internationalen Ruf ein: Der erfahrene Osteopath entdeckte, dass das Craniosacrale System – das Flüsslgkeitssystem, das Gehirn und Rückenmark umgibt – die Entwicklung, das Wachstum und die Funktionstüchtigkeit des Gehirns und der Rückenmarksnerven prägt. In diesem Grundlagenwerk wird dem Laien auf leicht verständliche Art erläutert, was man unter *Craniosacrale Therapie* versteht, wie sie funktioniert und welchen tief greifenden Einfluss sie auf Wohlbefinden und Gesundheit hat: Denn der Therapeut kann mit der ganzheitlichen Behandlung nicht nur die Lebensqualität seines Patienten erheblich steigern, sondern auch die unterschiedlichsten Beschwerden dauerhaft heilen.

IRISIANA

Torsten Liem / Christine Tsolodimos

Osteopathie

Die sanfte Lösung von Blockaden

192 Seiten, Pappband, ISBN 3-7205-2522-8

Was haben Kopfschmerzen mit verstauchten Knöcheln zu tun? Warum tut der Rücken weh, wenn die Niere krankt ist? Welchen Einfluss hat die Zahnspange auf die Körperhaltung? Das Wissen um die Wechselwirkungen zwischen inneren Organen, Knochen und Gelenken ist die Grundlage der Osteopathie, einer ganzheitlichen, effektiven und sanften Therapie aus den USA, die auch bei uns immer mehr mit großem Erfolg angewendet wird. Osteopathen erspüren Krankheitsursachen und behandeln Beschwerden mit sanften Handgriffen. Das Lösen von Verspannungen in Muskeln, Gelenken und Gewebe kann die Selbstheilungskräfte des Menschen anregen: Von Asthma über Tinnitus, Sehstörungen, Gelenkbeschwerden bis hin zu Migräne und Depressionen lässt sich vieles lindern und heilen.

IRISIANA